肖复兴读写系列

肖复兴/著

WO DE
DUSHU BIJI

我的读书笔记

SPM 南方出版传媒
全国优秀出版社　全国百佳图书出版单位　广东教育出版社
·广州·

图书在版编目（CIP）数据

我的读书笔记／肖复兴著. —广州：广东教育出版社，2014.9（2017.6 重印）
（肖复兴读写系列）
ISBN 978－7－5548－0188－8

Ⅰ. ①我… Ⅱ. ①肖… Ⅲ. ①读书笔记—中国—现代 Ⅳ. ①G792

中国版本图书馆 CIP 数据核字（2014）第 163765 号

责任编辑：邱　方
责任技编：杨启承
装帧设计：陈宇丹
版式插图：BoBo

广东教育出版社出版发行
（广州市环市东路 472 号 12－15 楼）
邮政编码：510075
网址：http：//www. gjs. cn
广东新华发行集团股份有限公司经销
佛山市浩文彩色印刷有限公司印刷
（佛山市南海区狮山科技工业园 A 区）
787 毫米×1092 毫米　16 开本　18.5 印张　370 000 字
2014 年 9 月第 1 版　2017 年 6 月第 3 次印刷
ISBN 978－7－5548－0188－8
定价：36.00 元
质量监督电话：020－87613102　邮箱：gjs－quality@gdpg. com. cn
购书咨询电话：020－87615809

肖复兴

1982年毕业于中央戏剧学院。曾到北大荒插队6年，当过大中小学的教师10年。曾任《小说选刊》副总编、《人民文学》杂志社副主编。已出版长篇小说、中短篇小说集、报告文学集、散文随笔集和理论集百余部。《那片绿绿的爬山虎》等作品被选入大陆和香港地区的大、中、小学语文课本以及新加坡等国的汉语教材。近著有《肖复兴散文100篇》、《肖复兴新散文画作》两卷、《肖复兴音乐文集》三卷等。曾经获得过全国以及北京、上海优秀文学奖、冰心散文奖、老舍散文奖多种。并获得首届“全国中小学生最喜爱的作家”称号。

总 序

十余年来，我陆续给广东教育出版社写了几本书，其中包括《我教儿子学作文》《我的父亲手记》《我的读书笔记》《我的音乐札记》《我的读写例话》。现在，出版社把这五本书整合在一起，冠名为“肖复兴读写系列”，整体推出，旨在给读者一个完整的印象和方便的选择。因为这五本书是陆续出版的，有的书已经不那么好找。

当然，这样整体的推出，不仅便于读者的阅读，更便于读者的批评。因为让它们集合在一起，在比较中容易看出长短与胖瘦。

在这里，应该感谢对这套书钟爱有加的广东教育出版社和丛书的责任编辑邱方。邱方是我多年的老朋友，在这几本书陆陆续续出版的过程中，她的孩子和我的孩子，都已经长大成人，时间过得真是飞快。好像孩子是在我的这几本书的书页翻飞中变大，而我们则无可奈何地变老。

这几本书，主题都是关于孩子的成长，是写给孩子、老师和家长们的。在孩子的成长过程中，老师尤其是家长，是最为操心和关心的，因为他们和我一样，面对的都是我国历史上绝无仅有的独生子女时代，面对孩子成长的新课题所造成的困惑和疑虑以及迷惘和不知所从。而且，这个独生子女时代，又恰好赶上了国家从政治时代向经济时代的转型，商业大潮和色彩激荡的炫目冲击，让价格升堂入室，而让价值尘埋网封，更使得孩子和师长们迷茫，一时难以寻找到引导孩子们学习成长更好更有益的路径。

很多读者从以前出版的《我教儿子学作文》书中的作者简介看到孩子的成长经历，觉得一路顺风顺水，很是羡慕。其实，我和上述的这些家长老师们一样，也是在同样的时代迷茫的寻找中，和孩子一起从小学到中学到大学，一路磕磕绊绊地走来。孩子哪有一盏是省油的灯？其中酸甜苦辣种种滋味，作为家长，大同小异。只是，作为家长，要做的不是无可奈何和怨天尤人的抱怨，而是耐下心来，沉下心来，在一次次恨不得扇自己嘴巴子的碰撞过程中，寻找到适合自己与孩子一起成长的方法和道路。

这五本书，就是在这样磕磕绊绊的寻找路上陆续写下来的心得体会。起初，并没有有意识以后要形成这样一个系列，只是在孩子还读小学的时候，随手记下来的点点滴滴，这便是最早形成的《我教儿子学作文》和《父亲手记》两本书。以后，不断地补充，逐渐形成了如今较为丰富丰满一些的面目。这两本书，前一本是具体教孩子学习写作，从小学到中学，涉及作文写作遇到的方方面面；后一本是具体写和孩子的交往，从孩子出生到大学乃至出国留学的成长过程中，父子两代的矛盾纠葛和彼此的教学相长。

也就是说，一本是谈教学，一本是谈教育。有意思的是，这两本书前后出版多次，更多的读者喜欢前一本，读得也认真，而且觉得收效也不错（居然还有读者将其带到国外，作为教育那里的孩子的教材）。其实，对于我而言，后一本更重要一些。因为孩子的成长过程是极其复杂的，是一个全面而系统的工程，作文的学习与训练，只是其中相对简单的一个环节而已。忽略了前者，等于丢掉西瓜捡芝麻。没有一个孩子可以抛开整体的教育环境与成长元素，而能够单纯地将作文写好的。因此，在这套系列丛书出版之际，我希望家长们更能够明白这一点，实用主义的教育方法，可以暂时奏效，但应该更为重视教育的方法，重视和孩子的思想碰撞与交流，这样，才能够更为容易让孩子成长过程中的方方面面如水贯穿相通，而不至于在某一方面堵塞。

《我的读书笔记》和《我的音乐札记》，是孩子读大学之后我写成的。这两本书，一本是谈读书，一本是谈音乐，是希望孩子在自身成长的过程中，除了课堂的知识学习之外，加强其他修养的补充，也就是我们常说的素质的修炼。读一些文学方面的书，并不只是为了作文考试；懂一点音乐的知识，并不只是为了钢琴、小提琴的考级。素养的培养，如小树长大逐渐渗透在枝叶里，并在不知不觉的潜移默化中形成树木的年轮。希望自己的孩子能够在成长的路上走得远一些，便不应该满足于课堂的书本知识，不满足于考试乃至考大学的一点成绩。考试的成绩，是脸上的美人痣；而修养是脚下的泡，不会那么让人一眼看穿，却是长时间的磨炼结果，是帮助你走长路必须的修为。

《我的读写例话》是新近完成的，也是这一系列最后写成的一本书。它是以我自己的文章为例，具体谈读写之间的关系和方法的一本书，可以和第一本《我教儿子学作文》呼应，也可以说是《我教儿子学作文》的升级版，关于读书和写作的话题，结合具体实例，稍微谈得深入一些。对于孩子的写作，对于中小学的语文与作文教学，希望做一点有的放矢的探讨和实践，起码可以给孩子，给老师和家长一个看得见摸得着的试验园地。

心里的计划，还应该有两本书，才能构成这一套关于孩子成长系列稍微完整一些的蓝图。一本是《我的美术漫记》，专门谈美不胜收的各种风格的绘画，谈世界和我国大美术家的故事；一本是《我的体育散记》，专门谈世界包括我国体育明星的故事，和我与他们的交往的记录。之所以有这样的构想，是因为这样两方面和孩子的成长密切相关。我一直觉得这个系列少了一本谈美术的，缺少了美育的教育，孩子的成长史是不完整的；而体育则是孩子成长中更为重要的元素，哪一个孩子会不喜欢体育呢？更何况，体育关乎着孩子身体的健康和强壮，这是和知识一起并立于他们一生的基石。可惜，由于我自己的学识和准备都还欠缺，总想着写成，却一直没能够完成。

给自己留一个小小的遗憾，也给这套丛书留一个小小的悬念。亲爱的读者，无论你们是孩子，还是老师和家长，或是其他的朋友，希望你们喜欢这套书，也希望你们等着我。

2014年7月4日写于布鲁明顿

自 序

这本书是我近年来的读书笔记。读书，带给我的，不仅有努力使自己不落伍的学习动力，还有无穷的乐趣。

牛津大学教授约翰·凯里在他的《读书至乐》一书中这样说："读书的特别之处在于——书籍这种媒介与电影电视媒介相比，具有不完美的缺陷。电影与电视所传递的图像几乎是完美的，看起来和它要表现的东西没有什么两样。印刷文字则不然，它们只是纸上的黑色标记，必须经过熟练读者的破译才能具有相应的意义。"

我赞同他的说法。电影和电视时代乃至网络时代的到来，使得农业时代传统的纸面阅读受到了强烈的冲击，约翰·凯里教授强调的"必须经过熟练读者的破译才能具有相应的意义"，对于今天的读书而言，格外具有现实的意义。他其实就是告诉我们，如今的读书已经成为一种能力，只有具备了这种能力，才能读出书本中相应的意义，当然还有读出的乐趣。只是，我们现在更加重视的是获取财富或升迁的能力，阅读的能力，越来越被我们忽略，或者仅仅沦为一种应付考试的实用的能力。和前人相比，我们读书的能力，已经大幅度地退步，起码和我们对财富能力的渴望与热度相比，不成比例。

但传统的纸面阅读，毕竟有着自己所不可取代的独特魅力。它古典式的宁静，和在白纸黑字之间弥散着的想象力和慰藉感，是任何其他阅读方式不能比拟的，从而成为现代生活选择的一种美好的方式。它起码让我们的情感和心绪以及心灵，有了一个与之呼应而充满着悠扬回声的空间。好书总会给予我们一个与现实相对比和对应的空间。好书总能够让我们仰起头，不再只注意自己鼻尖底下那一点点，而重新看一看头顶浩瀚的天空，太阳还在明朗朗地照耀着，只不过太阳和风雨雷电同在。不要只看见了风雨雷电就以为太阳不存在了。

中国是一个拥有热爱读书传统的国家，读书应该成为我们民族不可或缺的内容之一，成为这个社会的良心，成为我们所有人感情和思想的一种滋养。

读书确实是需要能力的，这样的能力，谁都需要学习，需要锻炼和培养。而这样的学习、锻炼和培养，首先需要跳出实用主义的泥沼，需要从孩子开始才行。这本小书，当然无法起到这样的作用，但希望能够给予读者特别是孩子们一点参考。

为方便读者阅读，我将书分为三辑：第一辑是我青春阅读的经历；第二辑是我现在的阅读笔记；第三辑是阅读对于写作帮助和思考的一些体会。对于一个读书人而言，这本小书，纸上春秋，记录了我读书的生命轨迹，一晃，已经从孩提时代，就到了人生的秋季，颇有些棋罢不觉人换世之感，新一代人早已经奔到我的前面。

写完这本书的时候，我在想，如果漫长的岁月里我没有读过这些书，会是什么样的状况？也许，日子照样的过，依然活到了今天，但总觉得会缺少了点什么。什么呢？我又说不清了。大概会少了阅读带给我的那种美感、善感和敏感，以及无穷的快感和乐趣吧？会让我的心粗糙而变成了一块千疮百孔的搓脚石了吧？

有这样两句古语我很喜欢，也常以此告诫自己。

一句是放翁的诗：“晨炊躬稼米，夜读世藏书。”它能让我想起我们先人的读书情景，那时读书只是一种朴素的生存方式，自己一边煮自己躬身稼穑的米粥吃一边读书，而不是现在伴一杯咖啡的时髦或点缀。

一句是北京明永乐年间开业的老药铺万全堂中的一副抱柱联：“修合无人见，存心有天知。”说的虽是医德，其实也可作读书的座右铭。读书也是一种修合，不是给别人看的，也不是为别人读的，更不是为功名利禄的。读书人的德性，心知书知，天知地知。

愿把这两句古语，连同这本小书一起送与读者朋友。

Contents

目录

第一辑　青春阅读 / 001

第二辑　书边拾穗 / 081

第三辑　读写之间 / 157

第一辑

青春阅读

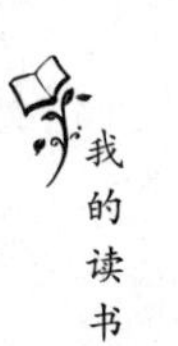

第一本书的作用力

我第一次自己买的书，是花一角七分钱，在家对面的邮局里买了一本《少年文艺》。我大概上小学三四年级，是20世纪50年代后期。那时候，邮局里的架子上摆着好多杂志，不知为什么，我选中了它。于是，我每月都到邮局里买《少年文艺》。

记得在《少年文艺》里最初看到了王路遥的《小星星》、王愿坚的《小游击队员》和刘绍棠的《瓜棚记》，我都很爱看。

其中有美国作家马尔兹写的一篇小说，名字叫《马戏团来到了镇上》，之所以把作者和小说的名字记得这样清楚，是因为小说特别吸引我，让我怎么也忘不了：小镇上第一次来了一个马戏团，两个来自农村的穷孩子从来没看过马戏，非常想看，却没有钱，他们赶到镇上，帮着马戏团搬运东西，可以换来一张入场券，他们马不停蹄地搬了一天，晚上坐在看台上，当马戏演出的时候，他们却累得睡着了。

这是我读的第一篇外国小说，同在《少年文艺》上看到的中国小说似乎不完全一样，它没有怎么写复杂的事情，只集中在一件小事上：两个孩子渴望看马戏却最终也没有看成，格外让我感到异样。可以说，是它带我进入文学的领地。它在我心中引起的是一种莫名的惆怅，一种夹杂着美好与痛楚之间忧郁的感觉，随着两个和我差不多大的孩子的睡着而弥漫起来。应该承认，马尔兹是我文学入门的第一位老师。

那时候，在北京东单体育场用帆布搭起了一座马戏棚，在里面正演出马戏。坐在那里的时候，我想起了马尔兹的这篇小说，曾想入非非，小说结尾为什么非要让两个和我一样大小的孩子累得睡着了呢？又一想，如果真的让他们看到了马戏，我还会有这样的感觉吗？我还会爱上了文学并对它开始想入非非吗？

也就是从那时候开始，我忽然特别想看看以前的《少年文艺》，以前没有买到的，我在西单旧书店买到了一部分，余下没有看到的各期，我特意到国子监的首都图书馆借到了它们。渴望看全全部的《少年文艺》，成为那时候的蠢蠢欲动。那些个星期天的下午，无论刮风下雨，我都准时到国子监的图书馆借阅《少年文艺》的情景，至今记忆犹新。特别是国子监到了春天的时候，杨柳依依，在春雨中拂动着鹅黄色枝条的样子，仿佛就在眼前。少年时的阅读情怀，总是带着你难忘的心情和想象的，它对你的影响是一生的。

第一本书的作用力竟然这样大，像是一艘船，载着我不知

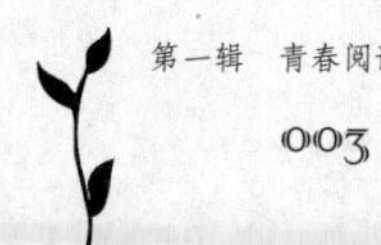

不觉地并且无法抗拒地驶向远方。

进入了中学，我读的第一本书是《千家诗》。那是同学借给我的一本清末民初的线装书，每页有一幅木版插图，和那些所选的绝句相得益彰。我将一本书从头到尾都抄了下来，记得很清楚，我是抄在了一本田字格作业本上，每天在上学的路上背诵其中的一首。那是我古典文学的启蒙。

我的中学是北京有名的汇文中学，有着一百来年的历史，图书馆里的藏书很多，许多新中国成立前出版的老书，藏在图书馆里面另一间储藏室里，被一把大锁紧紧地锁着。管理图书馆的高挥老师，是一个漂亮的女老师，曾经是志愿军文工团的团员，能拉一手好听的小提琴。大概看我特别爱看书吧，她便破例打开了那把大锁，让我进去随便挑书。我到现在仍然清晰地记得第一次走进那间光线幽暗的屋子里的情景，小山一样的书，杂乱无章地堆放在书架上和地上，我是第一次见到世界上居然有这样一个地方藏着这样多的书，真是被它震撼了。

从尘埋网封中翻书，是那一段时期最快乐的事情。我像是跑进深山探宝的贪心汉一样，恨不得把所有的书都揽在怀中。我就是从那里找全了冰心在新中国成立前出版过的所有的文集，找到了应修人、潘莫华的诗集，黄庐隐、梁实秋的散文和郁达夫、柔石的小说，找到了屠格涅夫的六部长篇小说和契诃夫所有的剧本，还有泰戈尔的《新月集》《飞鸟集》和《吉檀迦利》，以及萨迪的《蔷薇园》，和日本女作家壶井荣的《蒲公英》。

记得第一次从那里走出来，沾满尘土的手里拿着两本书，我忘记了是上下两卷的《盖达尔选集》，还是两本契诃夫的小说集。我们学校图书馆的规矩是每次只能够借阅一本书，大概高老师看见了我拿着这两本书舍不得放下哪一本的样子，就对我说：两本都借你了！我喜出望外的样子，一定如同现在的孩子得到了一张心仪的歌星的演唱会票子一样。我和高老师长达近半个世纪的友情，就是这样开始的。

那时，我沉浸在那间潮湿灰暗的屋子里，常常忘记了时间。书页散发着霉味，也常常闻不到了。不到图书馆关门，高老师在我的身后微笑着打开了电灯，我是不会离开的。那时，可笑的我，抄下了从那里借来的冰心的整本《往事》，还曾天真却是那样认真地写下了一篇长长的文章《论冰心的文学创作》，虽然一直悄悄地藏在笔记本中，到高中毕业，也没有敢给一个人看，却是我整个中学时代最认真的读书笔记和美好的珍藏了。在以后的日子里，有一年，曾经见到冰心先生，很想告诉她老人家这桩遥远的往事，想了想，没有好意思说。

在我初三毕业的那年暑假，我认识我们学校的一个高三的学生，他的名字叫李园墙。那时，学校办了一份版报叫《百花》，每期的上面都有他写的《童年纪事》，像散文，又像小说。我非常喜欢读，特别想认识他。就在这年的暑假，他刚刚高考完，邀请我到了他家里，他向我推荐了肖平的《三月雪》《海滨的孩子》和《玉姑山下的故事》，借给我上下两册李青崖翻译的《莫泊桑小说选》。这是第一次知道法国还有个作家叫莫泊桑，他的《羊脂球》《我的叔叔于勒》《蜚蜚小姐》《月色》《一个诺曼底人》，都让我看到小说和生活的另一面。他说看完了再到他家里换别的书。我很感谢他，觉得他很了不起，看的书那么多，都是我不知道的。我渴望从他那里开阔视野，进入一个新的天地。

这两本书我看得很慢，几乎看了整整一个暑假，就在我看完这两本《莫泊桑小说选》，到他家还书的时候，他已经不在家了。他没有考上大学，被分配到南口农场上班去了。没有考上大学，不是因为学习成绩，而是因为他的家庭出身。

从他家走出，我的心里很怅然。莫泊桑，这个名字一下子变得很伤感一样了。他的小说，也让我觉得弥漫起一层世事沧桑难以预料的迷雾。

其实，说实在的，有些书，我并没有看懂，只是一些似是而非的印象和感动，但最初的那些印象，却是和现实完全不同的，它让我对未来的生活充满了想象，总觉得会有什么事情一定发生，而那一切将会都是很美好的，又有着镜中花水中月那样的惆怅。我一直这样认为，青春季节的阅读，是人生之中最为美好的状态。那时，远遁尘世，又涉世未深，心思单纯，容易六根剪净，那时候的阅读，便也就容易融化在青春的血液里，镌刻在青春的生命中，让我一生受用无穷。而在这样的阅读之中，文学书籍的作用在于滋润心灵，给予温馨和美感，以及善感和敏感，是无可取代的。日后长大当然可以再来阅读这些书籍，但和青春时的阅读已是两回事，所有的感觉和吸收都

是不一样的。青春季节的阅读和青春一样，都是一次性的，无法弥补。一切可以从头再来，只是安慰自己于一时的童话。

青春季节的阅读，确实是最美好的人生状态，是青春最好的保鲜和美容。但我始终以为青春的阅读，已经是较为成熟的阅读季节，它应该萌芽于童年，也就是说，童年时读的第一本书的作用力至关重要，它会是帮助你打下人生底子的书，潜移默化地影响你的一生。

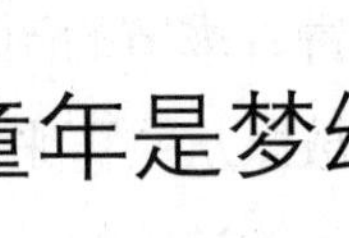

童年是梦幻的写意

《少年文艺》伴随我升入中学。在整个童年时期，想想还是马尔兹留给我的印象最深，如果再让我想一位作家的话，那就是我国的任大霖，我也是在《少年文艺》上看到他的小说之后，买了当时所有能够买到的他的小说集和散文集。让我难忘的是他的《打赌》和《渡口》，现在想想，《打赌》和《渡口》同《马戏团来到镇上》一样，弥漫着的都是那样一丝淡淡的忧郁。文学最初留给我的印象，不是那个时代流行的峨冠博带的赞美诗，也不是后来我看到的小布尔乔亚或自诩进入中产阶级的假贵族的自我感觉良好。它显得有些布衣褴褛，是匍匐在地上的行吟。

在我十岁左右的时候，看过他写的一组散文《童年时代的朋友》，怎么也忘不了，便记住了他的名字。在我寂寞贫寒的童年，他的作品曾陪伴我。我便私下觉得在心里和他交往许久、许久。

我到现在还能记住当年读完他的《渡口》《打赌》时的情

景：落日的黄昏，寂寥的大院，一丝带有惆怅的心绪，随晚雾与丁香轻轻飘散。上了中学，我曾经将这两篇文章全文抄录在我的笔记本上，并曾经推荐给我的好多同学看。时间过去了多久，我依然可以完整无缺地讲述这两个故事。

怎么也忘不了那两个故事，即使到现在，50年光阴过去了，还是觉得是大霖先生写得最好的作品。

小哥俩吵架，哥哥一气之下离家出走，弟弟一直在渡口等哥哥回家，为看得远些，弟弟爬到了一棵榆树上。傍晚的渡口是多么荒凉，等到了半夜，弟弟睡着了，哥哥回来了，听见哥哥叫自己，弟弟一下子从一人多高的榆树上跳下来，吵架后的重逢，兄弟亲情才分外浓郁。大霖说："渡口有些悲怆。"这是只有亲身经历亲情碰撞的人，才会感到的悲怆。我知道大霖先生确实有个哥哥，叫任大星，也是一位作家，他写过的小说《野妹子》，我也读过。我曾经悄悄地猜想，他在《渡口》里写的哥哥，会不会就是任大星呀？

为和伙伴打赌，敢不敢到乱坟岗子摘一朵龙爪花。"我"去了，半路上怕了，从夜娇娇花丛中钻出一个小姑娘杏枝，手里拿着装有半瓶萤火虫的玻璃瓶，陪"我"夜闯乱坟岗子。打赌胜利了，伙伴讽刺"我"有人陪，不算本事，并唱起"夫妻两家头，吃颗蚕豆头，碰碰额角头"来嘲笑"我"。于是，又打了一次赌：敢不敢打杏枝？为证明自己不是和杏枝好，"我"竟然打了杏枝。这个在孩提时代容易发生的事，被他写得那样委婉有致，美和美被破坏后的怅然若失，让我的心里和小说里的“我”一起总会想起杏枝的哭声。小说的最后一节，写得最为精彩，多年过后，杏枝已经成为生产队长，“我”回故乡，没有见到她，见到了她的哥哥长水，说起童年打赌的事，她哥哥摇头说完全不记得了。“我想这不是真话，一定是长水怕难为情，不想谈它。”成人和童年的对比，完全是两幅画，成人如果是写实的工笔，童年则是梦幻般的写意。

我喜欢大霖先生这样梦幻般的写意。中学时代，我买了大霖先生当时的全部著作，包括他的《蟋蟀及其他》《山冈上的星》，以及他的薄薄单行本《小茶碗变成大脸盆》。读高中时，《儿童文学》创刊，我在上面陆续读到他的《白石榴花》《戏迷四太婆》等文章，觉得比以前的作品更为精致。我不知别人如何评价大霖先生的作品，对于我，一个作家的作品从小学一直陪伴到高中毕业，如影相随，如风相拂，实在是难得而美好的回忆。

那时候，我悄悄地萌生做一名儿童文学作家的念头，那该是一桩多么美好的事，就像大霖先生一样。我也曾经悄悄地写过几篇东西，完全是模仿大霖先生，写自己的童年回忆，写自己的兄弟，童年的杏枝。

我从未想要见到大霖先生。我一直认为喜欢一位心仪的作家，看作品比看本人更为重要。喜爱他或她就认真地读他们的作品，作家生命的气息和情感，便会从书页间扑面而来，与你相通相融。

如果不是1992年的春天，我到上海参加一个会议，也许永

远不会和大霖先生见面了。那个春天，在普希金像旁，我们一见如故。我向他表示我的敬意，列数一系列他作品的篇目，让他有些惊讶，觉得绝非萍水相逢的即兴之辞。他的温和友善，一如他的作品。他就那么坐在那里，静静听我讲，说话不多。

我讲了他作品中有浓厚的屠格涅夫《猎人笔记》的影子，比如《白石榴花》。也讲了不大喜欢他后期一些主题色彩过重的作品。我甚至列举了他60年代的代表作《在灿烂的星空下》，也不如他早期的《童年时代的朋友》那样天然真纯，弥漫着少年一丝淡淡的忧郁调子。《在灿烂的星空下》里，这种调子一下子变为过于明显的明快。写一个江南水乡的少年，和一个上海郊区的少年，都热爱科学，憧憬生活，两个少年在灿烂星空下巧妙地衔接，虽然构思巧妙，毕竟看出了人为的痕迹，而让“我”面对美好的星空朗诵“星垂平野阔，月涌大江流”，然后引出少年对星星和月亮的疑问，表达对自然科学的憧憬，也显得有些做作……他都一一点头。由于真心喜爱他的作品，又是从小留下深刻的印象，便没有刹住闸，一下子讲了那么多。他不怪我，相反显得有些激动。

然后，他站了起来，让我等一会儿。不过一会儿的工夫，他从办公室取来两册厚厚的《任大霖作品选》送给我。我知道书的分量，它们是他一生心血的结晶。那里有他生命的轨迹，也有我童年的梦。

我一直想写一篇论述大霖先生创作的长文章。我不见得会比评论家和研究者写得更好，但我觉得我最有发言权。因为我是从一个读者的角度，从一个从小就受他作品滋养的角度，便不仅仅论述作品的艺术操作，而是涉及儿童文学参与人生命的塑造、灵魂的哺育、心灵的滋润这样一个对于我们自己和后代一样适用的话题。优秀的儿童文学作家，是人生路上无可取代的一棵大树，绿荫如盖，将庇护我们从小到老。我们老了，他们依然年轻，绿荫葱茏。

他将长生草留给水

2010年的1月3日，郭风先生去世了。再过几天，1月29日，就是先生92岁的生日，按理说，应该算是喜丧，但我心里还是充满着悲伤。

1月3日，北京下了一天一夜的大雪，是北京60年的历史中从来没有过的大雪。就像32年前先生在他的那篇曾经被选入小学语文课本的代表作《松坊溪的冬天》里写过的雪，“像柳絮一样的雪，像芦花一样的雪，像蒲公英的带绒毛的种子在风中飞的雪”。没有想到，先生就在这样的大雪中走了。32年前，先生说他看到了一个“发亮的白雪世界”，在这个世界里，他看见了一群彩色的溪鱼。真的希望，先生离开我们到的那个世界里，还能够看到一个“发亮的白雪世界”，和一群彩色的溪鱼。先生一辈子都是用童话般的眼睛看待生活和世界的，他一定会看到这样的情景的。

往事如水，岁月如风，很多回忆一下子拥挤在脑子里。论年头，我和郭风先生交往不是最长的，也不敢说读他作品是最

早的，却也颇有些年头了。

1962年，我读初中二年级。在当时的北京东安市场的旧书店，我买了郭风先生的《叶笛集》。这本散文诗集，收录的是郭风先生1957年冬天到1958年夏天写下的作品。当时，我仅仅花了一角钱。

我很喜欢书中描写的红色的香蕉花、米黄色的荔枝花和月白色的橘子花，以及那“美丽的好像开花的土地”的榕树，“腊月里蜜蜂还出来采蜜的”的故乡。我还曾经抄过、背过书里面那些散发着豆蔻香味一样的散文诗句：“雨点敲打着远处一大群一大群相互依偎的绵羊似的荔枝林，那林梢仿佛在冒着白色的烟雾。”“云絮浮在空中，好像一只蓝酒杯中泛起的泡沫。太阳挂在空中，好像一朵发光的向日葵。”“明媚得好像成熟麦穗的天空。”……

心想，只有拥有童心的人，才会有这样鱼鸟皆遂性、草木自吹香的心性，才会在笔下流淌出这样新颖而明朗的语言，才会小孩子的心思一样充满奇思妙想，把荔枝林比作相互依偎的绵羊，把云絮比作蓝酒杯中的泡沫，把天空比作成熟的麦穗，那样的透明、清澈。当时让我的心里充满花开一般的向往，如今遥远得犹如一个梦，一个怅然的梦。

我从来没有想到会有一天能够遇见这本书的作者郭风先生。即使以后曾经多次到福州，曾经到过郭风先生住的黄巷老街徜徉，但我从没想要打搅先生，我一直以为真正喜欢一位作家，就老老实实买他的书，读他的作品。

18年前，也就是1992年的4月，我再次来到福州，我的朋友，当时福建作协的秘书长朱谷忠，来我住的于山宾馆，接我去和当地的文学爱好者座谈，一边往外走，他一边对我说：“郭风先生也来了。”我的心里一动，怎么这么巧，想见的人就在眼前了。这时，已经看见一个精神矍铄的老人正站在四月龙眼花开的树下，我紧跑几步，向他跑了过去，蹦在脑海里第一个镜头就是那本《叶笛集》，便先忍不住对他讲起了30年前我花一角钱买过的那本《叶笛集》。他微微地笑着，望着我，和蔼地听我说着。

如今，虽然已经过去了48个年头，这本《叶笛集》，现在还保存在我的书架上，伸手就可以摸到，常常还会拿过来翻开。就像一位老朋友，相逢的时刻和回忆的味道，总是交织在一起。

今天，写这则文字的时候，书就在身边，我再一次拿过来翻看的时候，才发现一本书对于一个人成长的作用和分量。虽然，这只是一本仅仅有93页的薄薄的小书。

我曾经把它带到插队的北大荒，很多同学都借去看过。当时，书放在荒原上的马架子里藏着，纸页已经被北大荒的雨水浸蚀得发黄，骑马钉脱落，封面被我用胶条粘着。动荡的生涯中，几经迁徙，许多书都丢失了，这本《叶笛集》却从北京到北大荒，又从北大荒到北京，还有多次的搬家，竟然奇迹般地保留下来。我知道，人的一辈子，像会遇见过许多人一样，也会买过并读过许多的书，但真正能够在48年漫长的岁月里一直保留在你身边的，正如你不会太多地记住曾经见过的那些过眼烟云的人一样，也并不会太多。

我格外珍惜这本《叶笛集》。看到它，我就会想起我的学生时代，想起我在北大荒，更会想起郭风先生。

想起郭风先生，有这样两件事情，拔出了萝卜带出泥一般，不由自主地跳了出来。

一件是第一次见到他时，在和文学爱好者的座谈会上他讲的话，给我的印象很深。其实，那一次，他一共就讲了两句话，一句是“我出了三十几本书，没有一本满意的，到了老年才好像刚刚进了门”，一句是“作家的自我感觉不要太良好，要应该总像失恋一样，心里总有些怅惘”。他不是一个善于讲话的人，因此不像有的作家能够舌灿如莲，但他讲得很真诚，他的这些言简意赅的话，对于今天仍然有着警醒的意义。

另一件事情，是前几年我在信中向他询问法国象征派诗人果尔蒙的《西茉纳集》，我没有读过，知道先生年轻时就喜欢这位诗人，便向他讨教。没想到很快我就收到先生复印的厚厚一大摞《西茉纳集》，是戴望舒翻译的。想想他那样大年纪跑去为我复印，并替我邮寄，让我感动的同时，也真是感到不安。

西茉纳，太阳含笑在冬青树叶上，/四月已回来和我们游戏了，/他将长生草留给水，/又将石楠花留给树木，/在枝干生长的地方……

想起这样的诗句，是因为我想起了那年的四月第一次见到郭风先生的情景。他将长生草留给水，又将石楠花留给树木，多么美的诗句。如今，郭风先生已经离开我们了，忍不住想起了《叶笛集》，想起这些往事，想起先生那圣诞老人一样慈祥的面容。

他将长生草留给水，又将石楠花留给树木，他将岁月留给了他的文字。

少读宋词

那时，5元钱买三本书，还能剩下钱。那是四十多年前，我上初中二年级，趁着父母没在家，悄悄地打开了家里的小牛皮箱，偷了家里的5元钱，跑到大栅栏里的一家新华书店，买了三本书。回到家里，挨了爸爸的一顿打。那大概是我生平第一次挨打，我牢牢地记住了那滋味。四十多年过去了，许多书在岁月的迁徙中丢失了，这三本书却一直保存着。书的封面和里面的书页已经卷角或破损，那是青春和时光留下的纪念。

这三本书中，有一本是中华书局出版的《宋词选》，胡云翼先生选注。因为在买书之前，我刚刚在学校的图书馆里看到胡先生在20世纪30年代写过的散文，一看他不仅写散文，还选注宋词，便买下了这本书。小孩子买书，总是凭兴趣和好奇心的驱使。

我很喜欢这本《宋词选》，即使三十多年过去了，以后我还见过宋词的一些其他的选本，我依然认为这个选本最有特点。特别是胡先生的前言写得很好，很详尽，又深入浅出，有

自己的眼光和见识。虽然，在当时时代的大背景下，里面的前言和注解有一些硬贴上去的政治色彩，但总体上选得精当，前言论述宋词发展的脉络清晰，评价得当；每位词家前面的介绍，文字不多，却学问精深，有很多史料价值。

那时，我每天晚上读这本书上的一首宋词，然后抄在一张纸条上。第二天上学时带在衣袋里，在路上背诵。

我好长时间上学是走路，要走半小时到学校，这半个小时足够把这首宋词背下来了。“无可奈何花落去，似曾相识燕归来，小园香径独徘徊。”（晏殊《浣溪沙》）“舞低杨柳楼心月，歌尽桃花扇底风。”（晏幾道《鹧鸪天》）“会挽雕弓如满月，西北望，射天狼。”（苏轼《江城子》）“天涯也有江南信，梅破知春近。”（黄庭坚《虞美人》）“无奈归心，暗随流水到天涯。”（秦观《望海潮》）“九万里风鹏正举，篷舟吹取三山去。”（李清照《渔家傲》）……多少美妙无比的宋词，都是在这上学的路上背诵下来的。有这些宋词相伴，那些个日子真是惬意得很。一张张抄满宋词的小纸条揣在我的衣袋里，沉醉在悠悠宋朝的春风秋雨落花流水之中，身旁闪过车水马龙喧嚣的街景，便都熟视无睹，或都幻作宋代的勾栏瓦舍。半个小时的路，便显得短了许多，也轻快了许多。

少年不识愁滋味，正是不知天高地厚的年龄，可能是青春期的逆反心理作怪，偏偏不喜胡云翼先生在前言里推崇的柳永、周邦彦。胡先生高度评价“北宋词到柳永而一变”，又极其赞美说周邦彦是“以高度形式格律化被称为‘集大成’的词人”。我不以为然，以为柳永的词有些啰唆直白，周邦彦的词又太文绉绉，有些雕琢。那时，我就是这样自以为是。那时，我喜欢辛弃疾，喜欢秦观；喜欢辛弃疾的阳刚之气，喜欢秦观的阴柔之美。

古人说：“子瞻（苏轼）词胜乎情，耆卿（柳永）情胜乎词；辞情相称者，唯少游一人而已。”这评价似乎有些过，但秦观的词，那时我确实喜欢。他的《鹊桥仙》和《踏莎行》用精美的意象和朴素的词句传达了人类共同拥有的感情，那时我背得滚瓜烂熟：“金风玉露一相逢，便胜却人间无数。”“两情若是久长时，又岂在朝朝暮暮。”“雾失楼台，月迷津渡，桃源望断无寻处。”……即使到现在依然记忆犹新。

辛弃疾的许多词句令我心怦然而动：“落日楼头，断鸿声里，江南游子，把吴钩看了，栏杆拍遍，无人会，登临意。”“斫去桂婆娑，人道是清光更多。”“青山遮不住，毕竟东流去。”“闲愁最苦，休去倚危栏，斜阳正在烟柳断肠处。”“江头未是风波恶，别有人间行路难。”“醉里挑灯看剑，梦回吹角连营。八百里分麾下炙，五十弦翻塞外声，沙场秋点兵。”“何处望神州，满眼风光北固楼。千古兴亡多少事，悠悠，不尽长江滚滚流。”……

不用说，喜欢的辛弃疾的这些词，染上了我的初中二年级学生心中向往和想象的色彩，和辛弃疾一起登上建康赏心亭、赣州造口壁、京口北固楼，以及带湖的那轩窗临水、小舟行钓、春可观梅、秋可餐菊的稼轩新居。那种词句和心境合二而

一的情景，大概只有在初中二年级读书时才会拥有，那些妙不可言的词句刻在青春的轨迹上，到现在也难以磨灭。

那时，我最喜欢辛弃疾的《八声甘州》一词，这是辛弃疾夜读《李广传》的感慨，其中融入太多辛弃疾自身的心迹和心声。李广抗击匈奴战功卓著，却不仅未被封侯，反倒被罢免职务，被迫自杀。这与辛弃疾抗金大志未遂而落职赋闲在家的境遇一样，词便写得感情浓重，苍老沉郁："故将军饮罢夜归来，长亭解雕鞍。恨灞陵醉尉，匆匆未识，桃李无言。射虎山横一骑，裂石响惊弦。落魄封侯事，岁晚田园。　谁向桑麻杜曲，要短衣匹马，移住南山？看风流慷慨，谈笑过残年。汉开边、功名万里，甚当时、健者也曾闲？纱窗外，斜风细雨，一阵轻寒。"

当时也不知看懂没看懂，只清晰记得读罢这首词让我心里怅然许久的是最后一句"纱窗外，斜风细雨，一阵轻寒"。仿佛那寒冷的斜风细雨也扑打在我的窗前。其实，当时以一个少年的心情触摸老年的心事，自然难免雾中看花。世事沧桑，人生况味，只有到今天方才领悟一点点。领悟到这一点点，但已经很难再有读书时那种风雨扑窗，如身临其境的情景，以及遥想历史追寻辞章的梦幻了。

这是没办法的事，人长大的过程中，得到一些东西也必然要失去一些东西，就像狗熊掰棒子，不可能把所有的棒子都抱在怀里。

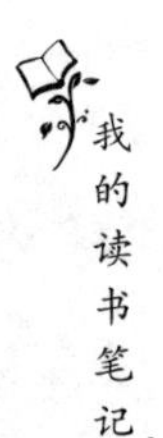

少读唐诗

最早拥有的唐诗，是偷了家里5元钱买了三本书中的两本：《李白诗集》和《杜甫诗集》。那时书便宜，一本1.05元，一本0.75元。之所以选择这两本，是因为只知道李白和杜甫在唐诗里最出名，“李杜文章在，光焰万丈长”嘛。除了小学里读过李白的“床前明月光，疑是地上霜。举头望明月，低头思故乡”和杜甫的“两个黄鹂鸣翠柳，一行白鹭上青天。窗含西岭千秋雪，门泊东吴万里船”之外，对他们二位，知道的真的不多。

就这样把他们二位请回家。一个初二的学生，其实是看不大懂李白和杜甫的，就像现在的小孩子听不懂崔健和罗大佑，却还是要把他们的歌曲打入MP4或ipod里一样。这两本诗集跟随我从北京到北大荒，颠沛流离了47年，依然还完好的在我的身边。李白和杜甫就像我多年不离不弃的好友。

现在翻看这两本被雨水打湿留下水渍印迹和被岁月染上发黄的书页，还能清晰地看到当年一个初二学生读它们时候的

心迹，虽是那么的幼稚，却是那么的清纯。那些被我用鸵鸟牌天蓝色墨水画下弯弯曲曲曲线的诗句，还有我写下的自以为是的点评，并不让我感到可笑，而是让我自己感动自己，因为以后读书再没有那样的纯净透明，清澈得如同没有一点渣滓的清水。

在李白的《横江词》里，我在这样三句诗下画了曲线：“一风三日吹倒山”“一水牵愁万里长”“涛似连天喷雪来”。一句写风，一句写水，一句写浪，三句都用夸张的修辞方法，但一句是直接用夸张，将山吹倒；一句则用拟人，手一般将愁牵来；一句则用比喻，把浪涛涌来比成喷雪。和那样年纪的孩子一样，我那时对诗的内容是忽略不计的，感兴趣的是词儿，希望学到手好词汇，就像愿意穿漂亮的新衣裳一样，希望把这些好词儿穿在自己的作文上。

在《登太白峰》里，我在“举手可近月，前行若无山”句子下画了曲线。一样，还是夸张的好词儿。

但在《赠从弟冽》里，我却在这样两联诗下画了线：“楚人不识凤，重价求山鸡”；“桃李寒未开，幽关岂来蹊”。李白当年怀才不遇，竟然和我共鸣。整个一个少年不识愁滋味，为赋新诗强说愁。也许，正是那个年纪的小孩子常见的心态，并不是真的懂得了李白，不过是感时花溅泪罢了。

在《夏十二登岳阳楼》里，我画下这样一句：“雁引愁心去，山衔好月来。”这一句，我记忆最深，不仅因为对仗工整，每一个词用得都恰如其分，又恰到好处，一个“雁引”，一个“月来”，画面又如此的清晰；一个“引”字，一个“衔”字，动词用的是那样的生动别致。更重要的是，这句诗给我一个启发，忧愁也好，苦闷也罢，一切不如意的，都会过去，而美好总还存在和会到来的。我就是这样鼓励自己，以至日后我到北大荒插队的时候，在艰苦的环境之中，我抄下这句诗给我的同学，彼此鼓励。

在《侠客行》里，我画的诗句是“三杯吐然诺，五岳倒为轻”，就真的是我自己真心的向往了，将诺言作为吐出的吐沫钉天的星，是那时的一种情怀，也是追求的一种境界。

那时，最喜欢李白的诗，还是《寄东鲁二稚子》。在这首诗里，我在好几句诗下画了线：“南风吹我心，飞堕酒楼前。楼东一株桃，枝叶拂青烟。此树我所种，别来向三年……”我还特别在“向”字上画了圆圈，旁边注上了一个字：“近。”这是李白想念他的两个孩子的诗，写得朴素而情真。我开始明白了一点点，好词儿不是唯一，感情的真切才是重要的呢。

在《翰林读书言怀称集贤诸学士》里，我画下这样一句“片言苟会心，掩卷忽而笑”，便是那时读李白时真实的写照了。那时读书真的能够给予自己那么多会心的欢乐。

对于杜甫，少年时是理解不了的。虽然，课堂上学过《石壕吏》，但不认为那就是杜甫最好的诗篇。在这本《杜甫诗集》里，在《北征》等长诗里有详细的注音注解，但印象并不深，不深的原因是不懂，也不能要求一个十几岁的少年懂得那时沉郁沧桑的杜甫。

印象深的，还是杜甫对于感情的表达很是真切。《后出塞》中“战伐有功业，焉能守旧丘”，《月夜忆舍弟》中“露从今夜白，月是故乡明”，《彭衙行》中“谁肯艰难际，豁达露心肝”，《登高》中“无边落木萧萧下，不尽长江滚滚来”……的句子下面，都被我画下了曲线。“战伐有功业，焉能守旧丘”和“谁肯艰难际，豁达露心肝”，心情表达得直白明确，却那样能够让人感动；“露从今夜白，月是故乡明”和“无边落木萧萧下，不尽长江滚滚来”，则那样的情景交融，那样让人难忘。

也在《梦李白》中的“冠盖满京华，斯人独憔悴”下画了曲线，但实际上是似懂非懂的，只不过那时读了冰心的小说，其中一篇题目是“斯人独憔悴”而已。

杜甫诗中最难忘的，是《赠卫八处士》。那时全诗背诵过，但也未见得真正懂得。逐渐明白其中的含义，应该是在以后的日子里，特别是到了北大荒插队，有了一些人生的颠簸和朋友的星云流散之后，才多少明白一点儿“人生不相见，动如参与商”，“夜雨剪春韭，新炊间黄粱，主称见面难，一醉累十觞”的意思。而“访旧半为鬼，惊呼热中肠”，则更是在以后，面对许多亲人相继离去的情景。“明日隔山岳，世事两茫茫”，是那一阵子我心里常有伤怀感时的感慨。但我要感谢少年之时读过背过这首诗，让我日后的日子里心情寄托和抒发的时候，找到了对应的寄托，那不仅是诗的寄托，更是民族古老情怀和血脉的延续和承继。

有意思的是，在这本《杜甫诗集》里，夹着一小页已经发黄的纸，上面开始用红墨水笔写着写着，没水了，接着用铅笔写下的正反两面密密麻麻的小字，是我读孟郊的诗的一些感想。现在回忆起来，大概是上高中的事情了。不知道为什么夹在这里，经历了几十年的岁月，竟然完整无缺的还保存在这里。应该说，还是要感谢《李白诗集》和《杜甫诗集》这两本书，因为对唐诗的喜爱，是从这里开始的。可以说，没有李白和杜甫，不可能有以后的孟郊。

将这一页抄录如下——

一提起“郊寒岛瘦”来，孟郊的诗可谓是瘦石巉岩，苦吟为多。“万俗皆走圆，一身犹学方”，“小人智虑险，平地起太行”的对人世的感慨，以及“去壮无一线，剪怀盈千尺”，“触绪无新心，从悲有余忆”的感叹，几乎在孟郊的诗集中比比皆是。但这样一位苦吟诗人也不乏清新的小诗，脍炙人口、传之于世的“春风得意马蹄疾”、“月明直照嵩山雪”，或者是形容那“吹霞弄日光不定，暖得曲身成直身”的炭火。但我以为，更清新的诗似乎被弄掉了。试举一例说明——《游子》一诗四句：“萱草生堂阶，游子行天涯。慈母依堂门，不见萱草花。”艳阳春光，堂前春草，相争而出，然而慈母却都没有看见，因为她看的不是这咫尺之近的萱草花，而是远游未归的游子。从眼前有之物，写出无限之情。

天呀，那时怎么竟是如此的自以为是，把刚刚从老师那里学到的一点东西，就可以这样激扬文字，挥斥方遒，指点起唐诗来了。

偷读禁书的滋味

“文化大革命”爆发了，读书梦面临着破碎的边缘。1966年的夏天，在北京的东单体育场，黑压压的人群如此众多拥挤在那里，体育场的中央，堆放着一堆山一样高的书，因属于那个时代的“封资修”而被冲天的大火烧尽。我亲眼看见是我们学校的红卫兵（大多是团中央干部子弟），从学校图书馆里拉来一车一车的书，运到这里，让那些宝贵的已经珍藏了近百年的书葬身火海。

我永远也忘记不了1966年夏天那场大火，面对它，我心中的震撼无异于简·爱面对桑菲尔德的弥天大火。

那一年，我正读高三，我悲观地以为再也读不到我所钟爱的书了。

就在那一年的冬天，我在校园里的甬道上偶然遇到了负责图书馆的高挥老师。她一直对我很好，但也因此为我受到委屈，以前破例允许我进图书馆的储藏室里去翻书、借书，“文化大革命”刚开始时，就因为这一条，有人贴出大字报，批判她是在培养修正主义的黑苗子。高老师为此也吃了不少苦头。

没想到，她见到我，聊了几句后，突然，她伏在我的耳边，悄悄地对我说了这样的一句话：“你还想看什么书，告诉我。”

当时，我特别奇怪，图书馆早已经被贴上了封条，严加封锁，莫非还能够出现奇迹，让我重新进去翻书、借书？

看见我疑惑的眼光，高老师笑笑对我说：“图书馆的钥匙不还在我手里吗？”

于是，我开始了有生以来最奇特的一段借书经历。我把想要看的书目写在一张纸条上，悄悄放在学校传达室里，高老师按照纸条上的书目替我进图书馆里去找，找到了，把书用报纸包好，放在传达室里，我再去取。一次次的重复，在悄悄地进行着，所有的秘密，除了我和高老师，就只有传达室的老大爷知道了。那情景颇似电影里看到过的地下工作者在秘密地传递情报，现在的年轻人大概永远也体会不到其中奇特的滋味了。

在饥饿中，哪怕是一点食物，也会让你食欲大开，饥不择食地狼吞虎咽。书籍对于我，从来没有感到是那么的珍贵过。对比东单体育场的大火，书籍也显示着它们更为强大的力量，地火一样潜藏着，暗暗地燃烧着，滋养着我，也鼓励着我。

那一个冬天和一个春天，一直到夏天我到北大荒插队，离开了北京，我从高老师那里借出了契诃夫的剧本集、小说集，普希金诗集，莱蒙托夫诗集，赫尔岑的《喜鹊贼》《谁之罪》，柯罗连柯的《盲音乐家》，李贺和李商隐的诗集以及屠格涅夫包括《罗亭》《贵族之家》《烟》在内的六部长篇小说。在那些大雪拥门和春雨潇潇的日子里，那些书带给我的感受，是以后读书再也难以体味到的。偷读禁书的滋味，给人神秘的感觉，让我年轻的心小鹿撞怀般怦怦跳动不已。

这样的阅读，度过了那段艰难却又有意义的读书生涯，一直到我去北大荒却并未结束。我去北大荒的时候，带走家里两个箱子，其中一箱装的都是书，同学送我一个外号“肖箱子”，取“潇湘子”的谐音，自然是对我的谐谑。箱子里就有学校图书馆里的赫尔岑的《谁之罪》、屠格涅夫的《罗亭》和《三家评注李长吉》几本书。高老师明明知道我偷偷地把它们带到了北大荒，没有还给她，但她什么也没有说。

我永远感谢高挥老师，在我的读书经历中，在我的人生经历中，她所起的作用是无可比拟的。现在，偶尔母校邀请我去讲课，路过校园里的甬道，我总会想起高挥老师，想起那年冬天她站在那里悄悄对我说过的话。那时，她是多么的年轻，多么的秀气！有些事情，就是这样定格在岁月和记忆中，永远不会消逝。前几年，我才知道她的丈夫是北京电影制片厂大名鼎鼎的化妆师王希钟先生，电影里（包括如今的《建国大业》）许多伟人的造型和化妆，都出自他手。要说他的名气比高挥老师大多了，但在我的心中，高挥老师的名气永远比他大。

偷来的李长吉

《三家评注李长吉》（中华书局1959年版）是我在“文化大革命”期间偷来的一本书。

那时候，传说毛主席喜欢“三李”——李贺、李白、李商隐的诗。于是乎，李长吉便神秘奇诡起来。似乎如同能从《红楼梦》里读出阶级斗争来一样，从李长吉也可以读出神韵灵光来。

那时候，人们的心情就是这样古怪。于是，当我破例得到图书馆老师悄悄递给我的一把钥匙，像打开敌人秘密暗堡一样打开图书馆的大门，在尘埋网封的书架上见到这本书时，就像见到果树上结有一枚硕大奇特的果子似的，馋得立刻伸手摘将下来。当时，图书馆被扫荡得七零八落，这本书居然能成为漏网之鱼，实在让我感到既兴奋又意外。我几乎毫不犹豫就把它偷出图书馆。想想它若待在图书馆里，早晚也得付之一炬，便觉得自己如绿林豪杰搭救沦落弱女子于纷飞战火之中，心中燃起莫名的得意感觉。

这本以清人王琦注本为主，兼收姚文燮、方扶南两家注本而成的三家评注李贺诗集，是迄今我所见到的最好注本。想最初翻看这本诗集，见到“黑云压城城欲摧”“天若有情天亦老”“我有迷魂招不得，雄鸡一声天下白”等句子时，真感到如同见到毛主席他老人家一样，好不亲切！

重新翻阅当时抄录的李长吉的诗句，是非常有意思的。居然，那些诗并非自己所写，却分明镌刻着自己青春时期的印记。岁月流逝，人事变迁，历史嬗递，那诗句却铿锵有声，与其说是李长吉的，不如说是我的怦怦心声。在时代潮流于历史册页之间，无论李长吉还是我，都显得渺小、可笑，甚至有些变形。

“少年心事当拿云”“直是荆轲一片心”“遥望齐州九点烟，一泓海水杯中泻”“更容一夜抽千尺，别却池园数寸泥”“端州石工巧如神，踏天挥刀割紫云”“唯留一简书，金泥泰山顶”……最后我抄下的是“我有辞乡剑，玉锋堪裁云”“想君白马悬雕弓，世间何处无春风”，然后，我便辞别北京，跑到北大荒，妄想雕弓射虎、玉锋裁云去了。

这本书伴我度过了北大荒六年寒冷而寂寞的时光。有李长吉做伴，枯寂的日子也有了些许浪漫色彩。望着寂寞无边的荒原雪野、翻卷变幻的云影雾岚、火红的柞树林和黑夜中奔突的野狐狸，自己总会时时冒出些李长吉才有的奇特想象。

后来，这本书又伴我从北大荒回到北京。这时我早已青春流逝了，而李长吉似乎永远不老。家中的书越来越多，这本

书显得破旧而不显眼了。但我有时还要翻翻它，一直不敢淡忘它。那里有我当初读它时随手记下的笔记或记号，虽恍若隔世，却依然旧友重逢般亲切。只是再读时，心境与环境大变，而李长吉也似乎变幻成另一种物象。其实，长吉还是长吉，书还是这本书，变化的不过是自己的心境而已。

当初抄录的诗句，而今已不大喜欢，甚至觉得有些假大空之嫌，这些其实并不是长吉最好的诗。当初喜欢《马诗》，而今却喜欢《南园》；当初喜欢《金铜仙人辞汉歌》，而今却喜欢《神弦别曲》：“蜀江风淡水如罗，堕兰谁泛相经过；南山桂树为君死，云衫浅污红脂花。”至于“今日菖蒲花，明朝枫树老”“窗外花开二月风，台前泪滴饯行竹”“天河夜转漂回星，银浦流云学水声”……简直又觉得好像不是长吉之作。

世人皆称长吉为鬼才，其诗多怪，唯朱熹说他的诗巧。以往并不以为然，今天才觉得朱子之说极是。“天遣裁诗花作骨”，长吉的诗，也许我读到现在，才读出一点味道，读出他的一点风骨。

这本书伴我已经四十多个年头，而李长吉却只活到26岁。每每再读，便觉得冥冥中确实有不解之谜。

借书情意

在我的中学阶段，除了高挥老师，另外我的两位中学老师，田增科老师和王瑷东老师，也曾经借给我很多书看。特别是我去北大荒之后和返回北京待业在家的日子里，他们早已经不再教我，但依然关心我读书，帮助我找书、借书。在书籍成为毒草、文化一片荒芜的年代，他们默默地向我伸出了援手。也许，真的是艰难，才让我越发地感受到书的珍贵，友情的珍贵，和他们对于我的殷殷期望之心。

田老师是我的语文老师，他只是在初三的时候教过我一年的时间，但我和他交往了四十余年，从他的身上获取知识和关爱良多。在那一年，是他帮助我修改了我的一篇作文《一幅画像》，并亲自推荐参加了北京市少年作文比赛，获得了一等奖。那是我的第一篇变成铅字的文章，如果没有这样的一篇文章，我会那样迷恋上文学吗？我今天的道路会不会发生变化？我有时这样想，便十分感谢田老师。我永远难忘他将我的那篇作文塞进信封投递进学校门前的绿色信筒里的情景；我也永远

难忘当我的这篇文章被印进书中，在学校教学楼的走廊里，他将那散发着油墨清香的书递给我手中的时候那比我还要激动的情景，那是春天一个细雨飘洒的黄昏。

岁月，让人的感情发生着变化，就像葡萄在时间的催化下能变成酒一样，浓郁芬芳醉人。

在到北大荒的那些个路远天长、心折魂断的日子里，田老师常有信来，一直劝我无论在什么样艰苦的条件下千万不要放下笔放下书。在那文化凋零的季节，他千方百计为我买了一套《水浒传》和一套《三国演义》，在我从北大荒回家探亲假期结束要回北大荒的前夕，赶到我的家里把书送来。那一晚，偏巧我去和同学话别没有在家，徒留下桌上的一杯已经放凉的茶和漫天的繁星闪烁。

这中间，我和田老师先后结婚，先后为老人送终，他生下两女一子，我生下一个儿子，在那一段一根扁担挑着老少两头的艰辛的日子里，我从北大荒回到北京待业在家，从他那里，我读了鲁迅十卷本的全集，还有脂砚斋本的《红楼梦》。他鼓励我别灰心，又借我他的《苕溪渔隐丛话》《中国画论辑要》等书，并送我一个笔记本，劝我再苦再难，读书是必要的，要相信乾坤有眼、时序有心，要相信艺不压身，学问终有需要的时候。我发现，读书的命脉真的就是一条河，即使到了冰封的日子，也不会中断，水流依然会在冰层下面涌动。

这中间，我和田老师一样，做上了中学和大学的老师。我刚刚给学生上课的时候，田老师都曾经骑着自行车到学校专门听我讲课。我教书的中学在郊区，比较远，但他还是早早就到了。听他的学生要给更为年轻的学生讲课了，他的心情显得有些激动。从教室走到校园，我看到许多学生趴在教室的窗前好奇地看着田老师。那一次，他回家迷了路，兜了好半天的圈子才回到家。那次他到我教书的中央戏剧学院来听我讲课，我讲的是朱自清的《背影》，下课后，他告诉我文章中的一个字我读错了，另外除了应该结合朱自清先生的自身经历，还要结合当时的时代背景来讲述文章，会对文章的内涵理解得更深刻些。我送他一直到学院门口，看着他骑上车在冬天的风中远去，一直到看不见他的背影为止，我才发现自己的手中拿着的正是朱自清的《背影》……

王老师没有教过我，她教别的班的语文课，在我们学校，她的教学很出名，专门带高三毕业班。她知道我爱读书，主动邀请我到她的家中，借我书读。

记得那时，我正待业在家，有一天去母校找田老师借书，正好碰见了王老师。她微笑着对我说：找田老师吧？我点点头。她又对我说，有时间你可以到我家找我，我那里也有些书。说罢，她留给我她家的地址。过了两天，我找到她家，是靠近东单的一个四合院。从她那里，我借来了罗曼·罗兰的《约翰·克利斯朵夫》，还有王国维的《人间词话》。

没过多久，我有了工作，在郊区一所中学里当老师，学生都不大爱上课，读书为了混日子，教书也一样混日子，乏味单调地上班下班，王老师的书帮助我度过了那段枯涩的日子。每

次借来的书读完之后，怕道远耽误时间，王老师不让我到她家里还书，而是让她的也是刚刚从内蒙古插队回来的女儿到我家里取书，再把我要看的书带来。那些书因有王老师这一份温馨而细致的情意，读起来分外有滋有味。

想一想，那是1975年前后的一段时间。对于读书人来说，那是黎明前的黑暗时光。因为，很快，1976年的秋天到来的时候，“四人帮”被粉碎了。王府井的新华书店开始有新书发售，每天几乎都会有那么多的人排着长队等候买书。那是那个百废待兴的新时代的壮观，让书成为劫后复出的主角。我清楚地记得，在那里买的第一本书就是《九三年》，定价才1.15元。

在以后的日子里，书越来越好找，我读的书也远比以前更多更杂更受益，但是，总会有一种感觉隐隐地袭上心头，那就是再也找不回来那时候读书如同与初恋情人相遇的心境和感觉了，再也遇不到高挥老师，以及田老师、王老师和李园墙，一样与你与书倾心相知倾力相助的人了。有时，我会想，也许是如今书的得来太容易了，也是自己读书功利色彩加重了的原因吧？文学书竟也沦为“how to……”一类的工具书了吧？

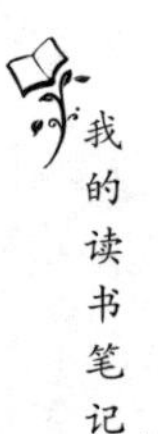

借书奇遇

曹大肚子的故事，始终镶嵌在我的青春纪念册里。

那是1971年的冬天，我记得非常清楚，那时候我在北大荒一个生产队的猪号里喂猪。一天晚上，刮起了铺天盖地的大烟泡儿，那时，我刚刚吃完晚饭没一会儿，我住在猪号烀猪食的饲养棚边的小屋的门被推开了，我的同学连桂从一身雪花地出现在我的面前，他在场部的兽医站工作。从那里到我这里，走了整整18里的风雪之路。他是特意到队里来找我的，我以为出了什么事情，忙问他。

他却不理会我的问话，问我：你知道我们那儿有一个叫曹大肚子的人吗？

我摇摇头。

那你快跟我走，咱们边走边说。

我问他：你吃饭了没有？

他不容分说，匆忙地拉着我就走，连假都没来得及请。外边的雪下得正猛，我们两人冲进风雪中，白茫茫的一片，立刻就吞没了我们。

一路上，我才知道，他们兽医站有一个叫做曹大肚子的人，是钉马掌的，不知怎么听说了我。连桂从告诉他这个肖复兴是我的同学，而且，还告诉他我特别想看书，当时我把从北京带去的一箱子的书都翻烂了……只那么随便地一聊，就在那天的晚上要下班的时候，曹大肚子对我的这个同学讲：你让你的那个同学肖复兴来找我！他不是爱看书吗？

你听听，他这口气，不小呢。我这不立马儿就跑来找你，不管他是真有书还是假有书，明天一清早，他来上班先看见你在兽医站等着他呢，先表明咱们心诚。

他想得真周到，而且因为那时队上只有队部里一部电话，根本不会为我跑到猪号那么老远去传电话，他只好跑那么远，顶着风雪来回36里路地奔波。我心里翻起一阵热浪头。

虽然对这个曹大肚子心存疑惑，但也幻想着他备不住会藏龙卧虎，别错过了机缘而遗憾。我们两人急匆匆往兽医站赶。那时候，为了多看几本自己想看的书，可以如此顶风冒雪地跑上那么远的路，现在想想，真是奇迹，无论是现在还是以后，还能够出现这样的奇迹吗？

第二天一清早，雪住风停，曹大肚子出现在我们的面前，连桂从向他介绍我的时候，我看出他有几分惊讶。没有想到风雪之中我们的速度是如此神速。

第一印象，是很深刻的，当时，他中等个儿，很胖，穿着一身旧军装，挺着小山凸起的大肚子，双手背在身后，眼睛望着上面，似乎根本没有看我，有几分傲慢地问我：你都想看什么书呀？写个书单子给我吧！

我当时心想，莫非这家伙真是有藏书，还是驴死不倒架摆这个派头？因为我知道他以前是我们农场办公室的主任，当过志愿军，1958年10万专业官兵到北大荒的时候，从辽宁的沈阳军区来到了这里。“文化大革命”中倒了霉，被打成走资派批斗之后，发配到兽医站钉马掌。但他那口气似乎不容置疑，半信半疑之中，我写下三本书的书名。到现在我依然清晰地记得：一本是亚里士多德的《诗学》，一本是伊萨科夫斯基的《论诗的秘密》，一本是艾青的《诗论》。说老实话，我心里是想为难他一下，别那么牛，这三本书就是在北京当时也不好找，别说在这荒凉的北大荒了。

谁想到，第二天一清早，他把用报纸包着三本书递到我的手中，打开一看，一本不差，还真的是这三本书。我对他不敢小看，不知水到底有多深。

在北大荒最后的两年，曹大肚子那里成了我的图书馆。但是，每一次借书，他都要我写个书单子，他回家去找，这成了一个铁打不动的规矩。一般他都能够找到，如果找不到，他就替我找几本相似的书借我。他从不邀请我到他家直接借书。我也理解，既然藏着这么多的书，他肯定不想让人知道，要知道那时候这些书都是属于“封资修”，谁想惹火烧身呀？况且，那时候，他正在倒霉，一顶走资派的帽子拿在群众的手里，什么时候想给他扣上就能够扣上。如果加上他借这样的书给我，一条罪状：腐蚀知识青年，就够他喝上一壶的了。我便和他一直保持着这样的借书关系，每一次都跟地下工作者在秘密交换情报似的。

我心里总是充满着好奇，这家伙到底藏着多少书？便蠢蠢欲动总想到他家里去看个究竟。这样的念头就像是皮球一次次被我压进水里，又一次次地浮出水面。

1974年的春天，我离开北大荒。就在我离开之前的那年秋天，我下决心不请自来到他家里去一探虚实。到现在也忘不了那个晚上，我刚刚推开他家的篱笆门，一条大黄狗汪汪叫着就扑了上来，吓得我连连后退，那大黄狗还是一步就蹿了上来，一口咬在我的右腿上，把我扑倒在地。曹大肚子两口子闻声跑了出来，一看是我，把狗唤住牵过去后忙问：咬着没有？幸亏我穿着毛裤，才没咬伤我的肉。不过，外面的裤子和里面的秋裤都被咬了个大口子。曹大肚子只好无可奈何地把我迎进门。门旁站着一个胖乎乎的小姑娘，就是曹大肚子的闺女了。

一进屋，我就四下打量，一间屋子半间炕，几把破椅子，一个长条柜，那些书都藏在哪里呢？莫非就像是安徒生的童话，伸手即来，挥手即去吗？曹大肚子的老婆让我脱下裤子，好用缝纫机帮我把那大口子缝上，曹大肚子把我请上热炕，给我倒了一杯热水，他那个小闺女一直在一旁好奇地望着我。我的心还在他的那些藏书上面呢，根本没有怎么注意他们这一家三口。我开始怀疑那个大长条柜，会不会把书藏在那里面？就像阿里巴巴的那个宝洞，只要我喊一声“芝麻芝麻开门”，就能够向我敞开里面的秘密？

曹大肚子知道我到他家来的目的，只是我自己竟然摸到他家，让他没有料到。他还是像平常那样不动声色，递给我一张纸和一支笔，依然是老规矩，让我先写书名，然后拿起我写的书单子，没有任何表情地说了一句：我帮你找找看。看来我被他家狗咬的惊险举动，根本没有感动他。

那次，我写的是我国作家陈登科的《风雷》、俄罗斯作家费定的《城与年》几本书名。他让我等等，自己一个人走出了屋。他老婆在里屋踩着缝纫机替我补被狗咬破的裤子，一时没注意我，缝纫机的声音很响，像是我响着的怦怦的心跳声，我犹豫了一下，还是穿着一条秋裤，悄悄地跟着他走出了屋，只见他走进他家屋旁的一间小偏厦，那是一般家里放杂物和蔬菜的仓库。门很矮，他凸起的大肚子很碍事，弯腰走进去有些艰难。看他走进去了半天，我在犹豫是不是也跟着进去。

为什么要把他的秘密打破呢？干吗不让它就像是童话一样保留在他的心中，也保留在我的心中呢？况且，那条大黄狗正吐着舌头，蹲在偏厦门口不远的地方，凶狠狠地望着我，真怕它我一走过去就向我扑过来。但那时候我还年轻，我到底忍不住好奇心的诱惑，豁出去了，还是走了过去，一边走一边胆战心惊望着那狗，还好，它没叫唤，也没扑过来。

走进偏厦一看，好家伙，满满一地都是用木板子钉的箱子，足足十几个，里面装的都是书。那一刻，我真的有些震惊，想不到一个老北大荒人，在那样偏僻的地方，居然能够有

那么多的书，而且把那么多的书藏了下来，心里暗想，这得花多少工夫、精力和财力才能够做到啊。

曹大肚子正俯着身子，聚精会神地替我找书。我站在他的身后好久，他居然没有发现。门敞开着，风吹进来，吹得马灯的灯芯弓着他一样的样子，和他胖胖弯腰的影子一起映在墙壁上，很像是一幅浓重的油画。那条大黄狗已经悄悄地走到了偏厦门口，翘起尾巴蹲在那里，我们都没有发现。

这时候，他回过头来，看见了我，他先是惊讶地眉毛一挑，然后是嘿嘿的一笑，我也跟着他嘿嘿的一笑，我们的笑都有些尴尬。那一刻，我到现在还清晰地记得，他正从箱子里拿出一本陈登科的《风雷》。

从此，他家对我门户开放。在以后的日子里，我曾经写过一本小说，叫做《北大荒奇遇》，有人曾经问过我：北大荒真的发生过什么奇遇吗？现在想想，如果说，我在北大荒真有什么奇遇的话，到曹大肚子家去探宝，该算是一桩吧。

可惜这样的好日子不长，第二年春天，我就离开了北大荒。离开大兴岛前，曹大肚子请我到他家吃了一顿晚饭，非常奇怪的是，他老婆炒的别的菜，我都记不得了，唯独曹大肚子拌的一盘糖拌西红柿，我总也忘不了。盘腿坐在他家炕上吃饭的时候，太阳还没有完全落山，夕阳辉映在他家的窗户上那猩红的影子，总好像就在眼前闪动一样。现在，只要一想起那天他请我吃饭，我想起的就是那盘西红柿，就是那窗户上夕阳那猩红色的影子。

我非常感谢他和他的那些书，在那些充满寂寞也充满书荒的日子里，他家的那些书奇迹般地出现，让我感到荒凉的北大荒神奇的一面，也让我感到处江湖之远的民间力量，让我对这片土地不敢小视不敢怠慢不敢轻薄，让那些日子有了丰富而温暖的回声，什么时候只要在心里轻轻地呼唤一下，就能够响起那遥远的共鸣。

读书是需要季节，需要环境的，风声、雨声和读书声交织在一起，才能让读书有了生命。而我的读书近乎传奇的色彩，更夹杂着一个逝去的时代抹不去的浓重影子。

米修司，你在哪儿啊?

年轻时读书，其实大多不求甚解，甚至根本没有看懂，常常是雾里看花，似是而非，却自以为很感动，以为自己很入戏一般跌进书里面就跳不出来。

第一次读契诃夫的《带阁楼的房子》是在“文化大革命”的后期，那时，我还没有去北大荒，无所事事百无聊赖时，跑到呼和浩特的姐姐家，从她工作的铁路局的图书馆里（那时那里的图书馆也是被封条封住），是姐姐带着我，找到她的负责图书馆的同事，一起偷偷地溜进去。我找到了一本《契诃夫小说选》上下两册中的一本，其中有这篇《带阁楼的房子》。

很长一段时间里，我的脑海里，总是浮现小说最后的那句话：米修司，你在哪儿啊?

那时候，心里默默念着这句话的时候，总会有一种忧郁的感觉。忧郁是什么呢？其实，也是似是而非的，也许，就像契诃夫在这篇小说里说的那样吧：“那是八月间的一个忧郁的夜晚，其所以忧郁，是因为已经有秋意了。”

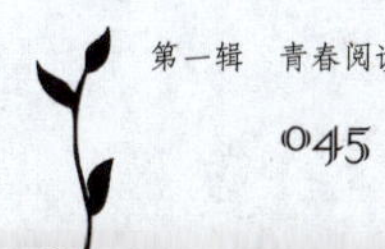

《带阁楼的房子》写的是一个画家和两姐妹在乡间相遇的故事。但那时我几乎把画家和姐姐丽达的故事全部忘记了，或者肆意删除了。我对他们那些各持己见，关于什么给农民治病呀教书呀，是生活高于风景画呢，还是画家的一切都是没有意义的等等一切争论都忽略不计。我弄不清画家和丽达到底孰是孰非，而把注意力都集中在妹妹米修司的身上。

比起那个有些像积极投身农村的知识青年的革命派的姐姐，这个妹妹米修司更可爱一些。

她总爱抱着书在椴树林里贪婪地看，或者站在画家的身旁出神地看画家写生。她喜欢画家，崇拜画家，磨着画家带她到更美好、高一等的世界里去，她相信画家对她说的话：美好永恒的生活在等着我们，并且那样轻而易举地就相信了，不要画家拿出任何的证据。

米修司的单纯或者说简单，让我觉得比她的姐姐要可爱。也许，她的这种单纯、活泼、简单，其实，正是我自己那时的样子。虽然四周被“文化大革命”包围，也不知道会到哪儿去插队，前途未卜，但受到那个时代教育的影响，又还未出校门走向真正的人生，涉世未深，却还是相信根本靠不住已经是一片动荡而模糊的未来，抓住了米修司的手，以为是一根可以帮助我泅渡人生的结实的稻草。

更何况她是个十七八岁漂亮苗条的姑娘。

那时，在我的眼里，米修司是梦幻般的女孩，是美好的化身，是爱情的模特。我觉得契诃夫的安排是对的，她当然要和

画家恋爱。她不和画家恋爱，难道要姐姐和画家恋爱不可吗？那该是多么的倒胃口。

那个总是好奇地望着画家，喜爱画家的才华，渴望画家来到她住的带阁楼的房子，又总是要一直送画家回家的可爱的米修司，那个不愿看见星星陨落，在甩掉了大衣热烈亲吻之后奔跑在美丽夜色里的漂亮的米修司，在那样四周还布满喧嚣的所谓革命浪潮时刻，而我马上就要离开北京到北大荒的前夜里，给我一个迷幻的幻影，让我误以为一切真的会美好起来，这个世界上，会有一个可爱的米修司在等着我一样。

青春时节读书，书有时会成为一种致幻剂。

契诃夫确实具有独特的艺术才能，他把一个其实非常简单的爱情故事写得那样美好。他让他们接吻之后，有两大段抒情，一段写心情，写画家看米修司的阁楼："它那阁楼上的窗子像一双眼睛似的瞧着我，好像它什么事情都了解似的……米修司就住在那里，明亮的光在那儿的窗子闪现了一下，接着变成了柔和的绿色，那是因为灯上加了一个罩子，人影在移动。"一段写景，写画家归途中夜色里的花园："将近一个钟头过去了，脸色的光熄灭，人影看不见了。月色高挂在房子上空，明亮沉睡的花园和小径。房子前面的花坛里，大丽花和玫瑰花可以看得很清楚，好像都是一种颜色。"

契诃夫所描写的心情和景色，其实也是属于我的。那时，我就是如此不可救药地要和遥远的俄罗斯人攀亲，就像穷人攀高枝一样，使劲地跳进契诃夫的小说里面，让自己贫瘠的心里得到一点虚幻的满足。

米修司，你在哪儿啊？这句话，现在读来是那样的乏味，甚至做作。但当时却藤蔓一样缠绕着我，长出细叶来，伸出小手一样搔痒着我的心。

由于姐姐丽达的反对，米修司拒绝了画家的爱。一个小男孩给画家送来了一封她的信。画家当晚就离开乡间回彼得堡了。米修司，你在哪儿啊？成为画家心里长久的呼唤。

米修司，你在哪儿啊？一唱三叹般的，也如曾经散不去的雾霭一样，久久地在我的心里盘桓。

就在读完这篇小说后不久，我接到同学寄到呼和浩特一连几封加急信，催我赶紧回北京，告诉我马上就要去北大荒了。我匆匆赶回北京，没过几天就去北大荒了。临离开北京的那天，在火车站，我有些心不在焉，一直到坐上火车了，趴在车窗上，我还伸出头在张望。那时，没有人知道，只有我自己心里清楚，我和一个女同学要好，说好了，她要来火车站送我的。可是，火车缓缓驶出了站台，也没有看到她的身影，也没有人给我带来一封她的信。

米修司，你在哪儿啊？便也是我心里默默的呼唤。

带阁楼的房子，是我青春时节的一个朦胧而凄美的象征。

百年新娘

转眼，契诃夫逝世百年。在这样的日子里，想起契诃夫，总难以忘记三十多年前第一次读他的《新娘》的情景。那是1975年的年初，正是处于一个新旧交替的时代，整整十年的“文化大革命”快要走尽的尽头。我们都渴望着新的生活的到来，鱼死网破，是那时我们所有人和时代共同的心理状态。这时候读《新娘》，新娘真有那么一点象征的意义。谁是新娘？谁的新娘？新娘在哪里？或者说新娘新在哪里？读小说的时候，拔出了萝卜带出了泥，纷乱联想到的一切，都超乎了契诃夫的小说本身。

那是一本人民文学出版社出版的《契诃夫小说选》，其实，这本小说以前读过，只不过那时是借来的，又还回去了。

1975年，那一年的冬天，我从北大荒插队回京，待业在家，无所事事，从西单的旧书店里买了这本《契诃夫小说选》，记得当时还是内部书店，否则无法能够买到。其中的《新娘》吸引了我，我竟一连读了三遍。是因为那优美的文笔呢，还是那精彩的插图，或是那没有了朦朦胧胧充满神秘的新生活的诗意，或是五月苹果园淡淡的雾中徜徉的那位又高又美的新娘吸引了我？我自己也说不清了。

其实，小说的情节很简单，用几十个字便可以把它叙述如下：新娘娜嘉出嫁前夕，在祖母家居住的远亲沙夏劝她打开家门出走学习，把这种无聊庸俗的生活“翻一个身”。沙夏成为娜嘉人生的导师，她听从了他的劝告，认识到自己以往的生活以及她的未婚夫、祖母和母亲都是渺小的，便和她的导师沙夏一起离家出走，远走他乡。一年过后，当她重返家乡，她已经是一个新人了，家乡沉闷的一切让她越发格格不入。引导她前进的导师沙夏死去了，她更是无所牵挂，于是她再次毅然地离开家乡，朝气蓬勃地投入了新的生活。

最有意思的是我对契诃夫《新娘》的读后感，居然写了这样长，其中有这样的一段：

最让我佩服的还是娜嘉敢于否定自己的导师沙夏。当沙夏拖着病重的身子还念叨过去的一切而进展不大时，娜嘉敢于抛开他，而继续前进。

娜嘉深深爱着沙夏，认为沙夏是她“顶亲切顶贴近的人”，但她能够清醒地看出了，这一切“都不像以前那样打动她的心了。她热切地要生活。她和沙夏的友情现在固然还是显得亲切，可是毕竟遥远了、遥远地过去了”。

因此，她在和沙夏告别，也在和整个过去告别时，她仅

仅走进沙夏的房子里面站了一会儿。她的面前不是死去的沙夏的影子，不是美好过去的回忆，而是“一种宽广辽阔的新生活”。

这一点，看来简单，实际上如果不是一个坚强的人，不是一个对未来充满如饥似渴的人，是办不到的。在这里，娜嘉没有一点少女的缠绵，没有一丝对以往的伤感留恋。她敢于向自己的母亲宣战，而且敢于向自己的老师自己“顶亲近的人”宣战。娜嘉形象的美，正在于此。我想《新娘》的新也就在这里吧？未来永远属于敢于向自己过去的一切告别的新人的！请体会什么是“一切”吧！

现在，重新翻看这些已经发黄变淡的笔迹，也许会让如今的年轻人笑话，但是，在那个新旧转折的年代里，敢于向过去的一切尤其是向自己曾经崇拜过的导师告别，是一件多么不容易的事情，又是充满着多么鲜明的时代特点。青年时刻需要拐棍一样的导师，当青春过去了，而且那青春完全是被欺骗而蹉跎的青春，那里所说的“一切”，其实是包括对自己曾经真诚信仰过的导师和膨胀的理想的决绝，是真的如虫子蜕皮才能够化蛹为蝶一样的痛苦呀。

别的不要去想，只要看看岁月是多么的无情，历史正在残酷地逝去的时候，我们的青春已经彻底不在，而在我们青春正当年的时候，是那样真诚地去上山下乡，转眼间就被无情而彻底地遗忘，历史就像是一个背信弃义的情场老手，翻手为云，覆手为雨，将当年煽动起来并施予我们的热情化为冰点。面对我们自己的青春，无论我们是在怎么费劲打捞，也不可能打捞上来什么东西了，我们为什么还在做猴子捞月亮的徒劳的游戏，我们又为什么还在做着普希金那渔夫和金鱼的故事里说的打捞上来一条想要什么就给我们什么的金鱼的美梦？我们为什么不去像娜嘉一样毅然地向过去的一切告别？

不管对于别人的意义如何，契诃夫的这位百年新娘，对于我确实是一位新娘，她是那个特殊时代的一个象征，一个隐喻。

三十多年过去了，那本《契诃夫小说选》虽然封面早没有了，里面的书页也破损得很厉害了，而且，这些年，我已经先后买了简装和精装两套十卷本的契诃夫小说全集，却一直没有舍得丢掉这本书。这位百年新娘又长了三十多岁，已经白发苍苍，老奶奶一样了，但对于我，她却是永远的新娘。

《罗亭》笔记

屠格涅夫的《罗亭》，是我年轻时候读过的一本重要的书。

我读过两遍，第一遍，还是在中学校园里，到北大荒插队之前，正属于逍遥派，躲在暴风雨的后面，天天读书打发寂寥难熬的时光。书是高挥老师从学校图书馆里偷偷拿出来的，读后心里总有挥之不去的罗亭和娜塔丽雅的影子。其实，那影子也是我自己的影子，沾染上即将告别校园的几分怅惘和迷茫。

第二遍，是在北大荒，我把这本书悄悄地带上了火车，带到了那里，没有归还给高老师，让罗亭和娜塔丽雅陪伴我一起浪迹天涯。这本书在我插队的生产队里流传，很多人都读了，再回到我的手里时，书页已经被翻烂，封面也破得卷了角。那时，我们队里有一个劳改释放犯，姓汪，他有一手绝技，能够将书翻旧如新，而且还能够给书装上一个精装的硬皮。这本《罗亭》就是经过他的手变了模样，挺括的布封面上“罗亭”两字是凹进去的，摸上去手感不一样，让我惊异万分。

两次读《罗亭》，我都抄录了书中的许多段落，也都做了一些笔记，40年过后，现在重新翻看这些已经发黄的笔迹，依然能够清晰地听到那时节的青春回声，清澈，不染杂音。那时，读书要命的是总和自己挂钩，如同溺水者，被屠格涅夫的水柱醍醐灌顶，一口口地呛水，还以为在痛饮美酒。那时的罗亭和娜塔丽雅已经不属于屠格涅夫，而属于那个时代的我自己，他们从19世纪的俄罗斯来到了北京的中学校园和北大荒的冰天雪地，在历史与现实、文学和生活之间，不住地闪回、淡出淡入和定格，以他们清秀而单薄的身姿，和当时我所处的现实做着力不胜负的衔接、对话、对比和抗争。

那时的阅读，是多么的天真幼稚，又是多么的投入，是真情与生命的投入。

在我的笔记中，第一段就这样写道："虽然，贵族知识分子，让位于平民出身的革命者，多余的人被挤在尴尬的角落里。罗亭有弱点，但亦有历史功绩。罗亭是软弱的，最大的不幸是不了解俄国，不了解自己的人民，总奢谈人生的意义和自我牺牲的价值，在第一障碍面前，就只有屈服。但比起达丽雅·米哈伊洛夫娜的庸俗空虚、躲在温暖一角中的列兹涅夫辈的苟且偷安，还是高出一头的。"

这里说的"第一障碍"，指的是美丽的娜塔丽雅决心离开庄园，希望罗亭和她一起私奔的时候，平常口若悬河大讲人生价值和意义的罗亭却退缩了，成为语言的巨人和行动的矮子。我曾经抄录下清晨罗亭和娜塔丽雅在阿芙杜馨池边分手的大段

对话——

“我到这里来不是为了哭，也不是为了诉苦。我是请您拿主意的。”

“有什么主意给您拿呢？”

“有什么主意？您是个男人，我已经信任了您，我还要信任您到底。请告诉我，您打算怎么办？”

“我打算怎么办？您妈妈，多一半，会把我撵出去的。”

“但您还没有回答我的问题。”

“什么问题？”

“您看，现在怎么办？”

“怎么办？当然只有屈服。”

“屈服？”娜塔丽雅慢慢重复一句，嘴唇发白了。

之所以当时大段大段抄录这些冗长乏味的对话，是因为他们的对话常常在我自己的心里自问自答。那时候，我是将去不去北大荒而离开北京，当成一场革命的选择，“小院不跑千里马，花盆难养万年松”；“志存千里跃红日，乐在天涯战恶风”，曾经是那时罗亭和娜塔丽雅语言的知青版。

我也抄录了罗亭写给娜塔丽雅的信：“我在这个世界上仍然只能是孤零零一个人。去献身——像您今天早晨以残酷的讥讽向我说的那样——更值得我去做的事业。哎，假如我真能献身于这些事业，那也好啊。但是我始终将是一个半途而废的人，正和以前一样，只要碰到第一个障碍，我就完全粉碎了。我和您之间的经过就是证明。”

那时候，我对罗亭的认识和情感是复杂的。一方面，我批判罗亭是一个清谈者，是一个“多余的人”，以罗亭在所谓“第一障碍”面前的退缩来警戒自己，坚决不做上山下乡的逃兵；另一方面，他虽然夸夸其谈，毕竟对于现实有所批判，对人生有很好的见解，对爱情有真挚的追求。而且，他对于自己的软弱给予了自我批判和解剖，那时，崇尚鲁迅所说的“解剖自己要比解剖别人更严格”。所以，当时，我在抄录罗亭自我批判和解剖的句子下面，都用铅笔画了一道道粗线。当时的笔记，现在泄露出时代影射下的心迹。

因此，对于罗亭，始终在我矛盾的心态中摇摆着他的形象。他成为那个时代里说的那种推一推就过去、拉一拉就过来的中间人物。但是，在口头上对他批判，在我的心里，总是这样替他辩解，谁不会有一时的软弱和动摇呢？为什么因为一时的软弱和动摇就遭到全盘的否定，一棍子打死呢？何况并不是谁都能够像罗亭一样，有勇气做到自我批判和忏悔，而且如他一样富有才华的。所以，那时私下里曾对娜塔丽雅不给罗亭机会，就那样毅然决然地离开了他，觉得是不是有点儿过分，有点儿偏激，有点儿不值得？

其实，说穿了，根本的问题，恐怕在于自己的内心深处也和罗亭一样有过类似的软弱和动摇，原谅了罗亭，其实也就好似原谅了自己。

以后在读高尔基的《俄国文学史》，看他论述屠格涅夫时说："不，罗亭不是可怜虫（通常对他有这样的看法），他是一个不幸者，但他是当代的人物而且曾做出不少好事来。罗亭——是巴枯宁，是赫尔岑，而且部分地就是屠格涅夫自己，但是，这些人物，你们知道的，并没有虚度一生，而且曾留给我们以绝好的遗产。"

我赞同高尔基的这一评价。高尔基不是在为我当年对罗亭的犹豫矛盾做解释和开脱，而是客观地对待了屠格涅夫和罗亭。其实，从某种角度而言，每一个时代都会有罗亭式的人物出现。人不是没有软弱的时候，软弱是一种常态，允许软弱，面对软弱时能够自我批判后战胜了软弱，更应该是一种值得肯定的状态。

在《罗亭》这本书中，当时我还抄录了毕加索夫对于女人评价的一段话："世上有三种利己主义者：自己生活也让别人生活的，自己生活但不让别人生活的，自己不生活又不让别人生活的。女人属于后一者。""男人也可以犯错，比如他也许会说二加二不等于四，可一个女人却会说二加二等于一支蜡烛。"

当时我的笔记里写了这样一段：毕加索夫说的利己主义的三种人，确实在生活中存在，但他独说后一种自己不生活也不让别人生活的是属于女人，有些绝对了。在这一点，罗亭和他不同，罗亭爱娜塔丽雅，他对娜塔丽雅说"凡是有美和生命的地方都有诗"，他认为这天这树这花还有女人都属于美和诗。

现在想想，那时之所以让罗亭不同于极端的毕加索夫，还是极力想维护罗亭吧。在当时，极端的毕加索夫处处都在，而且大行其道，更需要另一端的罗亭来折中一下吧？从我的内心来看，我是宁可接受软弱的罗亭，也不情愿接受极左派毕加索夫的。

我还抄录了书中关于一只小鸟的段落——

我还记得有斯堪的纳维亚的传说，一个皇帝跟他的战士围在火边，冬天，一只小鸟飞进屋，又飞走。皇帝说："这鸟呀，也跟人生一样，从黑暗飞来，又向黑暗飞去。温暖的光明，对它都是短暂的啊。""陛下"，最老的战士回答，"就是在黑暗里，小鸟也不会迷途的，它会找到它的归宿。"我们的生命虽然短暂而渺小，但是伟大的一切却正由人的手造成的。人生一世，意识到自己这种崇高的任务，那就是他无上的快乐。正是小鸟在这样从黑暗里的摸索甚至不顾死亡之中，它将发现自己的生命，自己的归宿。最老的战士的话，比皇帝说的更有哲理。

现在，我已经忘记了这段话是不是罗亭说的了，也忘记了这段话是书里写的，还是掺杂着我自己的一些感想。小鸟所引发的感慨，对于罗亭那一代人而言，和对于我们这样一代知青，有相同也有不尽相同的地方。对于我们，那时我们的命运就如那只小鸟，我们真的就是盲目地从黑暗飞来，又向黑暗飞

去，我们不知道何处是自己的归宿，但在当时我还要强颜欢笑言不由衷地说小鸟就是我们的象征，我们就在这样的摸索中发现自己的生命和归宿。

还清晰地记得，第二次读《罗亭》的时候，在北大荒那大雪封门的夜晚，一盏马灯跳跃着温暖的火苗。罗亭、娜塔丽雅，还有斯堪的纳维亚的那只小鸟，一起簇拥到了马灯前。

40年了啊！我都已经老了，罗亭还那样年轻。

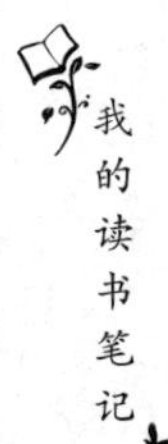

阅读屠格涅夫

34年前，我在北大荒的一个猪号里养猪，四周是一片荒原，晚上无处可去，也没事情可做，唯一的消遣就是读书。那时，我在读屠格涅夫的《猎人笔记》，就像高尔基说的那样：像饥饿的人扑在面包上一样扑在书籍上。我大段大段地抄书里面的段落，恨不得把每一个字都吞下。

舒展着白云上面的细边，发出像小蛇一般的闪光，这光彩好像炼过的银子。

到了正午的时候，往往出现许多柔软的白色的、金灰色的、圆而高的云块。这些云块好像许多岛屿，散布在天边泛滥的河流中，周围环绕着纯青色的、极其清澈的支流，它们停留在原地，差不多一动不动；在远处靠近天际的地方，这些云块相互移近，紧挨在一起，它们中间的青天已经看不见了；但是它们本身也像天空一样是蔚蓝色的，因为它们都浸透了光和热。

他是这样写云，让我想起白天看到过的北大荒的云彩。我总觉得我似乎并没有看到过他说的那种像小蛇一般闪光的云彩，像炼过的银子一般的云彩，像许多岛屿一般的云彩，像天空本身一样浸透了光和热的云彩。我会在第二天的白天喂猪或放猪的时候仔细观察天上的云彩，猪在猪栏里或在草地里悠闲地吃草，荒原上悬挂着的天空显得很低，云彩有时雕像一样一动不动，有时流云浮动像演电影一样，一会儿变成了马，一会儿变成了羊，一会儿变成了神话中的老爷爷，一会儿白得像是小孩光着的白屁股……许多新的发现伴随着快乐，就是这样扑满心头，让我有了一种自得的收获似的，常常让那些圈里的猪撞翻了猪食桶，我都没注意；让那些在草地上的猪跑远跑没有了影子，等我醒过味儿来，还得“勒勒”地喊着到处找它们。

傍晚，这些云块消失了，其中最后一批像烟气一样游移不定的黑色云块，映着落日相成了玫瑰色的团块；在太阳升起时一样宁静地落下去的地方，鲜红色的光辉短暂地照临着渐渐昏黑的大地。太白星像人小心地擎着走的蜡烛一般悄悄地闪烁着出现在这上面。

他是这样写太白星。我不知道什么是太白星，但我会在夜晚刚刚降临的时候，寻找第一颗蹦出来的星星，便把它命名为太白星，看它是不是像人小心地擎着走的蜡烛一般悄悄地闪烁着出现在夜空中。我会发现，天空出现第一颗星星之后，会出现一段长时间的空白，像剧场里静场一样，得耐心地等待下一个节目的出场，等待得你直觉得，下一个节目肯定要更加精彩。一直等到星星开始像是比赛着一样，叫着号地一颗紧接着一颗蹦上天空，北大荒的星星真的比北京的多似的，挤满眼前，纷纷地向你眨动着眼睛。我认出了哪里闪烁的是天狼星，哪里的是织女星，当然，认得最清楚的是北斗七星，因为在荒原的夜晚迷路的时候，那像勺子一样的七颗星星，永远是我们最好的伙伴。

有时候，当火焰软弱而光圈缩小的时候，在迫近过来的黑暗中突然出现一个有弯曲的白鼻梁的枣红色马头，或是一个纯白色的马头，迅速地嚼着长长的草，注意地、迟钝地向我们看看，接着又低下头，立刻不见了。只听见它们继续咀嚼和打响鼻的声音。

你不得不佩服屠格涅夫，他写的草原上燃烧的篝火，和我们北大荒的何其相似。在冬天，我们在地里拉豆子的时候，或在场院上脱谷的时候，常常会燃起一堆篝火，为我们取暖。屠格涅夫所说的那些白鼻梁的枣红色马头、纯白色的马头的火焰，那些篝火熄灭后它们还在继续咀嚼和打响鼻的声音，给我多大的新奇。北大荒的那些荒凉和寒冷，仿佛也变得温暖了许多。

突然，远处传来一声冗长的、嘹亮的、像呻吟一般的声音。这是一种不可名状的夜声。这种夜声往往发生在万籁俱寂的时候，升起来，停留在空中，慢慢地散布开去，终于仿佛静息了。倾听起来，好像一点声音也没有，然而还是响着。似乎有人在天边延续不断地叫喊，而另一个人仿佛在树林里用尖细刺耳的笑声来回应他，接着，一阵微弱的咝咝声在河面上掠过。

说实在的，在读这段文字之前，我不知道这个世界上还有这么一个叫做夜声的东西。屠格涅夫教会我去分辨和聆听夜声。我才发现荒原上的夜声，是那样的美，而且独一无二。

那种从荒原深处传来的夜声，是荒草的草叶、树叶和树叶之间，在风的吹拂下的飒飒细语，是野兔、野鹿、野狐狸和老鼠，在林间的落叶上和荒原泥土中轻捷无声的细碎的脚步声，是河边飘来的水鸥、野鸭、野天鹅和芦苇交欢的喘息声，以及河面上被风拂动而荡漾出密纹唱片一样细密而湿润的涟漪声……那种夜声，像教堂里的弥撒，无伴奏、无歌词的吟唱，低回悠长，一唱三叹。屠格涅夫说的那种嘹亮，我没有听出来，但他说的那种冗长，像呻吟，是准确的，它们呻吟着，弥漫开来，又消失远去。那是在繁华的城市里，再也听不到的天籁之音。

难忘泰戈尔

对于泰戈尔的《沉船》，我是充满感情的。

第一次读它的时候，我在北大荒，一个荒僻的猪号里喂猪。夜幕降临以后，四周死一样的静寂。

泰戈尔在这本书所说的“杳无村落、宁静而沉寂的夜晚，好像等待着失约情郎的姑娘，守望着长满水稻的轮廓而葱绿的田野”，我就特别的喜欢，一下子被吸引，一下子记住了，怎么也忘不了，到现在也记忆犹新。总让我想起北大荒荒原上的那些寂寥的夜晚，还有比泰戈尔比喻得更贴切更动人的吗？不真像是泰戈尔写的那样吗？似乎我和那些寂寥的夜晚都像是总在等待着什么，总觉得一定会等来一些什么。到底是什么呢？我说不清，应该说就是希望吧？没有把所有的希望泯灭干净，泰戈尔帮我从那黑暗中使劲拽出了最后残存的那一道亮光。

即使现在小说里关于罗梅西、卡玛娜、汉娜之间的故事记不大清楚了，记住的只是小说里的一些片段，是弥漫在小说里的一些情绪。其中，卡玛娜在月夜的船上看到恒河对岸田野

小径上那提着水罐的女人的情景，却总也忘不了，就像是一幅画，没想起的时候，它是卷起来的，只要想起了它，它立刻就垂落在眼前，清晰得须眉毕现。

想想，却无法解释为什么会这样。也许，这真是一件非常奇怪的事情，青春时节的阅读，总会情不自禁地联系自己，混淆了书中和现实的世界。

泰戈尔这样写道——

四周没有任何生物活动的形迹。月亮落下去，长满庄稼的田野小径现在已看不清了。但卡玛娜仍然圆睁两眼站在那里凝望。她不禁想道："有多少女人曾经提着水罐从这些小路上走去啊！她们每一个人都是走向自己的家！"

家！这个思想立刻震动着她的心弦。要是她在什么地方能有一个自己的家啊！但是，是什么地方呢？

卡玛娜对家的想念和渴望，和我们那时的心情是多么的相似。在同样月亮落下去的黑暗的夜晚，在比卡玛娜那时还要荒凉的田野上，面对我们猪号前通往队里去的那条羊肠小道，小道两旁长满凄凄荒草，也开放着矢车菊或紫云英之类零星的野花，通过那条小道可以走到去场部的那条土路上去，便可以再到富锦和佳木斯，一点点接近家。那时候，我离开北京的家已经三年了，还没有回过一次家。想家的心情，蛇吐信子一样，时不时地咬噬着心。记得有一个冬天的夜晚，新来了一批北京知青，晚上睡在一铺大炕上，突然想家，开始唱歌，一首接着一首地唱，都是老歌，最后，不唱了，都哭了。那哭声惊天动地，把我们睡在另外屋子的人都惊醒了，把队长也招来了。怒气冲冲的队长进门就厉声叱问大半夜的不睡觉，这是怎么啦？回答是想家了。队长立刻哑炮了，什么不再说，走了。

想家的时候，我总会忍不住想起那些个提着水罐在小径上向家走去的女人，便会让我格外的心动，兔死狐悲一般，和卡玛娜一起悄悄地落下眼泪。现在想想，也许是不可能的事情，是非常可笑的举动，但在当时，我比卡玛娜还要软弱和无助。

还是这部《沉船》。当时，我曾经抄录下这样的段落——

苍天的光滑的面容上，没有留下一丝烦恼的痕迹，月光的宁静没有任何骚乱活动的搅扰；夜是那样悄然无声的沉寂，整个宇宙，尽管布满了亿万颗永远在运行的星辰，却也仍然得到永恒的安宁；只有人世的喧嚷的斗争是永无底止的。顺境也好，逆境也好，人生是一场对种种困难的无尽无休的斗争，一场以寡敌众的斗争。

也许，这段话里还依稀能够看出当时我的心境，那种远离家又渴望回家却茫然无措的心情，只有在那些沉寂的夜晚里面对星空时黯然神伤。

怎么能够忘记泰戈尔呢？他就像我年轻时的朋友一样，无法淡出记忆之外。

罗曼·罗兰帮我去腥

罗曼·罗兰的《约翰·克利斯朵夫》，是我最喜欢的一部小说。那是在“文化大革命”后期我从北大荒插队回到北京待业在家，王瑷东老师借我的书。我整段整段地抄，抄了好几个笔记本。书写得太好了，傅雷翻译得也太好了，恨不得把整本书都抄下来。书看了两遍，后来翻看笔记，发现好几处地方竟然抄了两遍。

在那些寂寞而艰苦的日子里，他乡遇故知般，罗曼·罗兰是我最好的朋友。

克利斯朵夫在那样的环境下艰苦奋斗的精神感动了我。他从小生活在那样恶劣的家庭，父亲酗酒，生活贫穷……一个个的苦难，没有把他压垮，相反把他锤炼成人，让他的心敏感而湿润，让他的感情丰富而美好，让他的性格坚强而不屈不挠。

罗曼·罗兰在这本书中卷七的初版序中有这样的一段话，我记忆深刻——

每个生命的方式是自然界的一种力的方式。有些人的生命像沉静的湖，有些像白云飘荡的一望无际的天空，有些像丰腴富饶的平原，有些像断断续续的山峰。我觉得约翰·克利斯朵夫的生命像一条河——那条河在某些地段上似乎睡着了，只映出周围的田野跟天边。但它照旧在那里流动、变化；有时这种表面上的静止藏着一道湍急的急流，猛烈的气势要以后遇到阻碍的时候才会显出来……等到这条河集聚起长期的力量，把两岸的思想吸收了以后，它将继续它的行程，向汪洋大海进发。

这段话是我理解克利斯朵夫的一把钥匙，也是理解生命的行程和意义的一把钥匙。生命像一条河，这是一个并不新鲜的比喻，但当时它深深地打动了我。罗曼·罗兰给予我这样的启示和鼓励，起码让我在郁闷不舒、苦不得志的时候，有了一点自以为是精神力量的东西。当社会在剧烈动荡之后，偶像坍塌、信仰失衡、整个青春时期所建立起来的价值系统产生了动摇而无所适从的时候，罗曼·罗兰所塑造的克利斯朵夫的形象和他所说的这些话，给我以激励，让我仰起头，重新看一看我们头顶的天空，太阳还在明朗朗地照耀着，只不过太阳和风雨雷电同在。不要只看见了风雨雷电就以为太阳不存在了。

以从前我所热爱崇拜的保尔·柯察金和牛虻为革命献身吃苦而毫不诉苦的形象来比较，克利斯朵夫更让我感到亲近，而他个人奋斗所面临的一切艰辛困苦，让我更加熟悉，和我自己身边发生的格外相似。同保尔·柯察金和牛虻相比，他不是他

们那种振臂一呼应者如云的人，不是那种高举红旗、挥舞战刀的人，他的奋斗更具个人色彩，多了许多我以前所批判过的儿女情长，多了许多叹息乃至眼泪，但他让我感到他似乎就生活在我的身边，我能真切地感受到他有些冰冷的手温、浓重的鼻吸和怦怦的心跳。

重新翻看我所抄的《约翰·克利斯朵夫》这本书的笔记，能察觉得到当时我和克利斯朵夫，和罗曼·罗兰交谈的样子和轨迹。你抄什么不抄什么，无形之中道出了你当时心底的秘密。其实，你不过是在用书中的话在诉说你自己。

比如：“痛苦的犁刀一方面割破了你的心，一方面掘出了生命的新的水源。”这句话到现在我还清晰地记得，几乎成了我的一句箴言。

比如：“失败对我们是有好处的，我们得祝福灾难！我们决不会背弃它。我们是灾难之子。”难道这不是对我这一代所做出的最好的预言和忠告吗？

比如：“失败可以锻炼一般优秀的人物；它挑出一批心灵，把纯洁的和强壮的放在一边，使它们变得更纯洁更强壮。但它把其余的心灵加速它们的堕落，或是斩断它们飞跃的力量。一蹶不振的大众这儿跟继续前进的优秀分子分开了。”说那时我是多么自命不凡也好，或说我不过阿Q一样安慰自己也好，我确实想做一个优秀的人，而不想碌碌无为让一生毫无色彩；我确实想让自己的心灵纯洁而强壮，而不想软弱成一摊再也拾不起个儿来的稀泥。

再比如，罗曼·罗兰说克利斯朵夫："他到了一个境界，便是痛苦也成为一种力量——一种由你统治的力量。痛苦不能再使他屈服，而是他教痛苦屈服了：它尽管骚动、暴跳，始终被他关在了笼子里。"我以为这是罗曼·罗兰对于痛苦进行的最好的总结。他告诉我痛苦的力量与征服痛苦的力量，他让我向往并追求那种境界。

再来看看罗曼·罗兰对于幸福的论述。他不止一次地说过："对于一般懦弱而温柔的灵魂，最不幸的莫如尝到了一次最大的幸福。"他对于幸福一直是这样的贬斥，他似乎对幸福不屑一顾甚至嗤之以鼻。相比而下，他认为痛苦更有价值。

他还说过这样一大段话："可怜一个人对于幸福太容易上瘾了！等到自私的幸福变成人生唯一的目标之后，不久人生就变得没有目标。幸福成为一种习惯，一种麻醉品，少不掉了。然而老是抓住幸福究竟是不可能的……宇宙之间的节奏不知有多少种，幸福只是其中的一个节拍而已：人生的钟摆永远在两极中摇晃，幸福只是其中的一极；要使钟摆停止在一极上，只能把钟摆折断。"

这些话，安慰我，鼓励我，让我认清痛苦，也认清幸福，既不对痛苦感到可怕而躲避，也不对幸福可怜的企盼而上瘾。

之所以对痛苦与幸福那样的敏感，那时正是处于一个新旧交替的时代，我们这一代人内心的痛苦，其实是那个时代的痛苦的折射。就像罗曼·罗兰说的，生命是一条小河，在它流过了浅滩和险滩之后，流过了冰封和枯水季节之后，渐渐有了一

点生机和力量，山随平野尽，江入大荒流。

无论那时这种主题化、政治化和个人对号入座式的阅读是多么的可笑，毕竟是我青春季节的阅读，它让那些外国文学作品多少有些变形，但在一切都变形的时代里，它与当时并不尽相同的形象、精神和语言方式滋润着我的心，并让我拿起笔来学习写一点东西。更重要的是，那一场“文化大革命”的撕扯，让我感到内心像风干的鱼一样没有了一点水分，只剩下一身的鱼腥味。是罗曼·罗兰帮我去去腥。

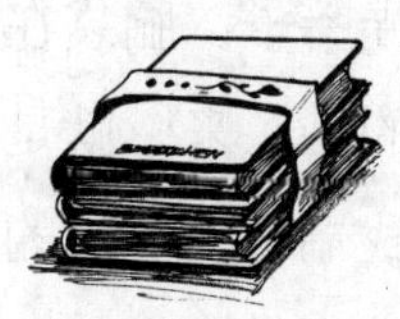

1971年的《九三年》

雨果的小说，我最喜欢的是《九三年》。第一次读它的时候，是在北大荒，大概是1971年的冬天，从农场曹大肚子那里借的书。它非常吸引我，那时候年轻，记忆力好，我能够从头到尾复述全书整个故事，连书里面那些难记的外国人名，都能够随口说得滚瓜烂熟。

那时，在知青能够一溜儿睡十几个人的大炕上，晚上，伙伴们躺进被子里，伸出光膀子，脑袋在炕沿是排成齐刷刷一排，开始摆出一副听故事的劲头来，就是听我讲《九三年》。我不抽烟，但立刻有人给我端来了北京的茉莉花茶，放在炕头我的面前。那劲头仿佛我就像是连阔如。《九三年》要一连讲好几个晚上，每天收工开会完了之后，躺下睡觉之前，大家听我讲《九三年》，成为我大显身手的时候，也是大家最娱乐的一种方式。好长一段时间里，我们大家似乎都生活在1793年法国资产阶级大革命的时期，生活在巴黎，生活在旺岱，生活在索德烈森林，生活在拉·杜尔格高地，而暂时忘却了冰天雪地

的北大荒。

《九三年》是雨果的最后一部长篇小说，是他积多年积累和思考的心血之作。它描写了法国1793年那场波澜壮阔的资产阶级大革命的故事。20世纪70年代初读这部书的时候，刚刚经历了“文化大革命”，于是，会情不自禁地将1793年那个革命的年代，和我们的1966年进行对比。都处于革命的极度疯狂之中，各种势力的较量，一样的是你死我活！雨果所写的，巴黎街巷巴黎十六街改名叫“法律街”、圣安东尼区改名为“光荣区”，蒙弗兰贝侯爵改名为“八月十日”，和我们北京许多街道胡同和人名大改其名，完全一样。“巴黎的每条街都产生一个联队，各区的旗帜你来我往，每面旗子上都有自己的标语，所有的墙上都贴满了标语，大的，小的，白色的，黄色的，绿色的，红色的，铅印的，手写的……”和我们这里又有什么区别？而巴黎的共和政府废除公历，改为新历法，其新出炉的热月，和我们的红八月又有着多么奇特的远亲一般的血缘关系。

尽管性质不同，但还是让我和伙伴们将两者忍不住进行比较。

雨果《九三年》这个故事就是从1793年5月的最后几天讲起的。一支代表着红色的革命军队，叫做红帽子联队，从巴黎出发，在法国旺岱一个叫做索德烈森林里搜索逃到这里的白色叛军。红白双方死伤都非常惨重，革命军从巴黎出发时是一万两千人，到了这时候已经死亡了八千。所以，在索德烈森林搜索的时候，红帽子联队小心谨慎，他们自己说是每一个士兵的背后都得长着眼睛。索德烈森林里到处是叛军逃跑时留下的烧焦的痕迹，即使有一只鸟飞过，也是在刺刀上鸣叫。当他们在灌木丛中发现一个妇女带着三个孩子的时候，故事才真正展开。这个叫做佛莱莎的社会底层母亲，只有在这场大革命中才有可能和社会的上层人物，革命军的首领郭文和西穆尔登神父、叛军的首领朗德纳克侯爵，发生了关系。这是文学中的情节与人物关系上的联系。雨果要用这位平民母亲和她的孩子为药引子，牵连出他所表达的“在绝对正确的革命之上有一个绝对正确的人道主义”。

当时，雨果的这一主张遭到批判，小说的结尾，为了解救在大火中的三个孩子，我们惯常认为的坏蛋朗德纳克却放弃了自己逃跑的机会；而朗德纳克的侄子、革命军的总司令郭文为了救自己的亲人，却放跑了革命的敌人朗德纳克；郭文的老师西穆尔登为了革命的利益判处郭文死刑。这一连环套的情节中人物各自迥然不同的性格与命运，也曾经遭到我们一伙知青伙伴的争议。

记得很清楚，当我讲到郭文包围了朗德纳克的堡垒，朗德纳克从一扇铁门出来，然后用一把大锁锁上了这扇铁门，也就是说挡住了郭文登上堡垒捉到他的唯一通道。当他跑出一道石门，躲藏在荆棘丛中之后，马上就可以死里逃生了，这时候，他忽然猛地听到自己头顶一声嚎叫。起初，他以为是一头母狼的嗥叫，后来，他听清了，是一个女人的号叫。在朗德纳克刚刚逃下来的堡垒的上面，已经起火，他看见了火里面的三个孩

子。这时候，朗德纳克冒着大火，重新爬上堡垒的顶端，在墙边找到了一把救命梯，顺着山坳把梯子一直放下到了山脚下。三个孩子都被救了下来，朗德纳克从堡垒上面最后走下来，当他走到梯子最后一级刚刚把脚踏在地面的时候，一只大手落在他的衣领上，他回头一看，是西穆尔登，西穆尔登对他说：我逮捕你！朗德纳克说：我允许你逮捕我！满屋子里鸦雀无声，至今我还清晰地记得我讲到这里时的情景。应该说，这是全书最精彩之处。但是，争论也就从这里开始了，拉禾辫盖的土屋子里，短暂的静寂之后，就炸开了锅。朗德纳克作为一个阶级敌人，他能够在危难之中不顾自己的性命去解救那三个贫苦的孩子吗？曾经是我们争论的最激烈之处。有人说，黄世仁怎么可能去救白毛女呢？南霸天也不可能良心发现去救吴琼花吧？那时读书就是这样容易联系实际，那样的幼稚，又染上了“左”的痕迹。

还有一点有意思的是，我们的争议和小说最后一卷《表决》一节非常相似。第一法官盖桑先以罗马帝国414年大法官曼柳斯的儿子没有得到命令擅自打了胜仗而被曼柳斯处死为例，他说：“违反了纪律的必须受到严惩，现在是违反了法律，法律比纪律更高。怜悯可以构成罪行，郭文司令放走了叛徒朗德纳克，郭文是有罪的。我主张死刑。”军曹拉杜则表示：“老头救了几个孩子做得很对，司令救了老头也做得很对，如果把做好事的人都送上了断头台，那么滚你妈的吧！我再也不知道我们的目的到底是什么了。我们再也没有理由不做坏事了。”他投了释放郭文的一票，宁愿砍掉自己的头代替他。其实，军曹和第一法官的话，也是我们心里争论的话。在人性和革命的冲突面前，雨果表示了他鲜明的态度，而在当时所谓革命的光环照射下，人性论惨遭致命的批判，我们犹豫不决，或口是心非，或口心都被扭曲。其实，我们就像军曹所说的那样，我们已经不知道革命的目的到底是什么了。但是说心里话，当时我是暗暗站在军曹拉杜的一边的。

《九三年》充满了思辨的色彩，尤其是后面，朗德纳克为救孩子的性命选择牺牲自己，郭文为救朗德纳克而选择牺牲自己，西穆尔登为处死郭文而选择自杀，面对他们舍身成仁的共同选择，虽然明知是虚构的小说，我的心里还是受到震撼。在当时的语境之中，牺牲是一个时髦而伟大的词汇，知青随时都愿意为只要能够附着上一点儿革命意义的事情做牺牲，比如金训华可以为救落在洪水里的几根电线杆牺牲，我们农场的哈尔滨女知青刘佩玲可以救个人根本就无法扑灭的荒火牺牲。只是我对郭文、西穆尔登和朗德纳克的牺牲，虽然心生敬意，却不能够完全理解。因为这和我们当时受到的教育完全是猴吃麻花——满拧，他们谁的牺牲都和当时革命的教义对得上号。但是，你能够说他们中的哪一个牺牲没有价值和意义呢？他们都不是为自己的私利，郭文是为了良心，西穆尔登是为了法律，朗德纳克是为了孩子。他们当中谁能够说得上是正角或反派呢？《九三年》颠覆了当时流行的样板戏里那种高大全的英雄人物和反面人物的界限，也颠覆了当时甚嚣尘上的革命的高头

讲章，为我们进行了一次革命和人道主义的启蒙。

我从来没有看过这样思辨色彩浓郁的小说，它的人物雷与电般的对白，和波澜起伏、一泻千里的内心独白，看着痛快，逼迫着我不得不跟着雨果一起思考。雨果有着一双强悍的手，攫住我的心，跟着他一起走进他的旋风般的小说世界。我不止一遍地问自己，如果我是郭文该怎么办？我是西穆尔登该怎么办？我是朗德纳克又该怎么办？真诚而忠诚地信赖一位作家、痴迷一部小说，心甘情愿地和小说里的人物一起走，彻底混淆了小说和现实，这是在以后的阅读中再也没有出现过的迷失。

至今还清晰地记得朗德纳克从那个梯子上走下来被捕，要不要处以他死刑，郭文内心有一长段痛苦的独白：这个梯子是救命梯，对于他却是丧命梯。他为什么要这样做呢？为了救三个孩子。那三个孩子是他自己的吗？不是。是他一家的吗？不是。是他同阶级的吗？不是。为了三个可怜的小孩子，偶然遇到的弃儿，衣服破破烂烂的，赤脚的孩子，这位贵族、亲王，高傲地救出孩子的同时，也要交出自己的头颅。人们怎么办？接受他的头颅，送他上断头台。朗德纳克在别人的生命和他自己的生命之间作一个选择，在这个庄严的选择中，他选择了自己的死亡。人们同意他死亡，人们要砍掉他的头颅。对于英雄的行为，这是怎么样的一种报酬啊！用一种野蛮的手段回答一种慷慨的行为！革命居然也有这样的弱点！这是对共和国怎样的一个贬值啊！

雨果没有简单化地把朗德纳克处理成为舍己救人，他有他的一套内在逻辑，把他放进自己的人道主义的连环圈中，这样，面对放还是不放朗德纳克这道残忍的难题，郭文的内心独白便有他自己和自己论战的悲壮性质。在另一处，雨果这样写道：三个小孩在危难中，朗德纳克救了他们。开始谁使得他们陷入危难的呢？难道不是朗德纳克吗？谁把这几只摇篮放在大火里面呢？难道不是伊曼纽斯吗？他是朗德纳克的副官，应该负责的是领袖。因此，纵火和杀人的都是朗德纳克。

然后，雨果这样解释朗德纳克："他在筹划了罪行之后，自己又退缩了。他自己吓着了自己。那个母亲的喊声唤起了他内心的过时的慈悲心。这种慈悲心是人类共同生活的残余，一切人心里都有，连心肠最硬的人也有。他听见了这喊声才往回走。他已经走入黑暗里，再退回到光明里。"

这是郭文的独白，再看郭文和西穆尔登的一段对白。在郭文就要走上断头台的前夜，西穆尔登走进了关押郭文的土牢。这个像只凶猛的翅膀就是为了狂风暴雨而诞生的海鹰，这个认为找寻脓疮来接吻才是善行的狂人，对他的学生郭文说：比一切更重要而且在一切之上的，是这条直线——法律。这是绝对的共和国。而郭文却说：我更爱的是一个理想的共和国。郭文所说的理想的共和国，是应该有牺牲，克己，仁爱，和恩恩相报。他对西穆尔登说：你的共和国把人拿来称一称，量一量，然后加以调整；我的共和国把人带到蔚蓝的天空里。他打了这样一个比喻："比天平更高一级的还有七弦琴。"这是一个美妙的比喻。它不应该仅仅属于文学，应该属于现实。革命也

好，改革也罢，对于所有人来说，共和国应该是一架七弦琴。

郭文和他的老师的分歧远不止于关于共和国的理念和理想。针对西穆尔登的共和国要的是数学家欧几里得造成的人，郭文还打了一个比喻，他说他所希望共和国里的人是诗人“荷马造成的人”。西穆尔登警告他不要相信诗人，他反驳道：“是的，我听过这样的话，不要相信清风，不要相信阳光，不要相信香气，不要相信花儿，不要相信星星。”西穆尔登进一步警告他说这些玩意儿解不了饱。郭文针锋相对说思想意识是一种养料，想就是吃。西穆尔登则认为这是空话，他的共和国就是二加二等于四，当我把每个人应得到的一份给他……郭文打断他：你还要把每个人不应得的那一份给他！……

这些精彩而意味深长的争论，已经远非那时我所能够理解。但关于理想中共和国和共和国的公民的概念以及设想和描画，雨果为我打开了一扇窗，吹进清爽的风。

哦，难忘的我的1971年的《九三年》！

第二辑

书边拾穗

大地上的日历

——读普列什文《林中水滴》

我知道，城市的高楼越来越高，真正泥土的味道却越来越少；苹果的价钱卖得越来越高，味道却不见得比以前的好。也许，这就是人类生存的悖论，在创造着越来越多物质文明的同时，也要付出自己的代价，失去了许多宝贵的东西。

于是，在远离大自然的城市里，我常常读的一本书，就是普列什文的《林中水滴》（潘安荣译，百花文艺出版社出版）。这本书能够带来大自然最为纯净而清新的呼吸、律动和情感，让我日益被城市繁华所掩饰下的虚伪乃至尔虞我诈，钢筋水泥所割裂开冷冰冰的壁垒森严和隔膜的心，能够得到一份滋润而不至于过早地粗糙老化。

那是1992年的六一儿童节，我和儿子一起在王府井书店里买的一本书，那时儿子才上小学六年级。那是这本书的第三次印刷，三次一共也仅仅印了15 900册，无法和那些膨胀着男欢女爱欲望的书或考学升级实用的书或明星花拳绣腿的书的印数相比。当然，这没有什么可值得悲观的，人们被命运和时尚抽

得如同陀螺般拼命地旋转不已，哪里还有闲心陪普列什文这个老头儿去光顾他的大自然。

记得很清楚，买了这本书回到家，和儿子一起看一起挑，挑了“河上舞会”这样的一段，让他抄在了他的笔记本里：“黄睡莲在朝阳初升就开放了，白睡莲要到十点钟左右才开放。当所有的白睡莲各自争奇炫巧的时候，河上舞会开始了。”儿子说这简直就像是童话。没错，大地上、森林里发生着的一切，都是城市里所没有的奇迹，只不过，它们远离我们，或被我们无情地遗忘，或让我们根本看不见。

普列什文的这本书，他自己称是描写大地的日历，我说是描写大自然的诗。它能够让我重新认识那些远离我们的一切，它让我感到质朴的大地上所发生的那一切，是多么的动人，多么的温馨，离开它们，我们的城市再繁华，我们的日子再富有，我们的心和感情却是贫瘠的，我们会失去许多大自然本该拥有的细腻、温情、善良与爱的呵护、关照和呼应。

每当我读到他为我们描写的那仿佛是从星星上飘下来的初雪，那春天最初的眼泪一般的细雨，那能够回忆起童年的稠李树散发的香味，那坐在落叶的降落伞上飘落到地下的蜘蛛……每次读，每次都让我很感动。也许，只有他才能够细致入微地感觉到夹在密匝匝的云杉林中的小白杨有点冷而伸出了树枝，他说：“真像我们农村里的人，也常出来坐在墙根土台上，晒太阳取暖。”就连大地上水塘里冒出那最常见不过的水泡，他也无比疼爱地说每一滴都是鼓鼓的、饱满的，是“既像父亲又像母亲的婴儿”。我不知道在这个世界上还有没有以如此诗的语言和如此童话的眼睛以及如此孩子不泯的童心，还有如此以一生生命与情感的专注，来描写大地和大自然特别是森林的作家。我们的不少书中的语言已经越来越浑浊甚至变得脏兮兮了，哪里还能够找到这样纯洁如初雪一般的语言和感觉。

我不能不为普列什文所感动，在我看来，在这个世界上，只有他才有这种本事，平心静气，又气定神闲地把大自然的一切如此细腻而传神地告诉给我们。只有他才有这种本事，信手拈来，又妙手回春一般能够将这些气象万千的瞬间捕捉到手，然后定格在大自然的日历上，辉映成意境隽永的诗篇、生命永恒的乐章。

面对春天里的第一朵花，他说：“我以为是微风过处，一张老树叶抖动了一下，却原来是第一只蝴蝶飞出来了。我以为是自己眼冒金花，却原来是第一朵花开放了。”

面对春天里流淌的河流，他说：“在一支支春水流过的地方，如今是一条条花河。走在这花草似锦的地方，我感到心旷神怡，我想：‘这么看来，浑浊的春水没有白流啊！’”

面对早被伐倒大树只留下空荡荡的树墩，他说：“森林里是从来也不空的，如果觉得空，那是自己错了。森林里一些老朽的巨大树墩，它们周围原是一片宁静……高高的蕨草像宾客似的云集四周，不知从哪儿喧响的风儿，间或百般温柔地向它们轻轻吹拂，于是老树墩客厅里的一根蕨草就俯身向另一根蕨草，悄悄地说什么话，那一根蕨草又向第三根蕨草说话，以至

所有的客人都交头接耳了起来。”

在雪后静谧的森林里，看到带雪的树木姿态万千，神情飞动，却默默地立在那里，他忍不住问：“你们为什么互不说话，难道见我怕羞吗？雪花落下来了，才仿佛听见簌簌声，似乎那奇异的身影在喁喁私语。”

……

谁能够做到这样？这样对待大地上一朵普通的花、一条普通的河、一片普通的树，乃至一个闲置在一旁老朽的树墩？我们会吗？我们可以把花精致地剪成情人节里的礼物，我们可以在河里捞鱼或游泳，我们可以到原始森林里去旅游或野炊，我们可以在落满洁白的雪花的大树前或爬到树上去拍照片，但我们不会有春天里第一朵花开时瞬间的感觉，不会把春水荡漾的小河说是花河的想象，便也就不会看到老树墩客厅里蕨草在交头接耳的童话，自然更不会停下来我们为名缰利锁而奔波的匆匆脚步，去和落满雪花的大树悄悄地攀谈。

我们远离大地和大自然，我们的眼睛在逐渐变得色盲一般只认识了钱票子的面值大小；我们的味蕾在逐渐变得只会品尝生猛海鲜和麻辣烫；我们的嗅觉在逐渐变得只闻得见香水、烤肉、新出炉的面包，和新装修的房间里带着氡和甲醛的味道。

普列什文曾经说：“世界是美丽非凡的，因为它和我们内心世界相呼应。”普列什文在这本书中拉近了我们和这个美丽非凡世界的距离，帮我们找到了内心世界与这个世界相呼应的方法，那就是要如普列什文一样去珍爱大自然，去和普列什文一样怀有一颗真挚的赤子之心，以及和普列什文一样不失去美的瞬间即把握住永恒的爱与敏感。土地会让我们的脚跟结实，河流会让我们的心灵净化，树木会让我们的呼吸清新，天空会让我们的眼睛望得远一些。

应该感谢普列什文。应该记住普列什文，这位1873年出生、1953年逝世，活了81岁高龄的苏联的伟大作家，记住这位当过兵、当过农艺师、当过乡村教师，一生没有离开过大自然的睿智老人。

普列什文曾经说："一个人是很难找到自己心灵同大自然的一致，并将它转达到艺术中去的。"但是，他找到了并达到了这一目标。

于·列那尔和他的《胡萝卜须》

我曾经向很多人推荐过法国作家于·列那尔的《胡萝卜须》一书。但我发现并没有多少人真正地喜欢，或认真地阅读。我想也许是我自己过于喜欢，想当然以为别人也一定应该喜欢。如今的阅读，愈来愈功利化，讲究的是实用、实惠和实际，我称之为“三实主义”。

我喜欢于·列那尔，源于他曾经这样写过一棵普通的树，他把树枝树叶和树根称为一家人，他说：“他们那些修长的枝柯相互抚摸，像盲人一样，以确信大家都在。”就是这一句，让我感动并难忘。我当即买下了这本《胡萝卜须》，读下来，真的很不错，感觉没有欺骗我。

我以为这本《胡萝卜须》，应该和普列什文的《林中水滴》合在一起读最合适，效果最好，而且最会有收获。相比较而言，《胡萝卜须》里，虽然也写了森林中的树木，但大多写的是林子里的小动物。《林中水滴》里，虽然也写了森林中的小动物，但更多写的则是森林里的花草树木。所以，合在一起读，既可以互补，又可以对比，彼此有个参照物，将大自然中动物和植物这两大方面都囊括在内了。

此外，我曾经还有一个建议，读这两本书的同时，最好能够带着孩子去动物园和植物园，让孩子以这两本书作为参照物，再来看动物园和植物园，感觉和感受，肯定不一样，即使写作文，也会写得不一样。我曾经对不少家长和老师们说过，但我发现那只是我的一厢情愿。谁也不愿意做这样和动物交流的无用功，都想走捷径，愿意带孩子进课外各种辅导班，胜于动物园和植物园，不知道其实那里是更好的课堂呢。

《胡萝卜须》里写的那些小动物，实在是太可爱了，我真的还从来没有见过有作家把动物写得这样可爱。

他描写喜鹊："老穿着那件燕尾服，真叫人吃不消，这真是我们最有法国气派的禽类。"笔下含有幽默，不是嘲讽，而是揶揄，甚至有点儿另类的夸赞。

他写孔雀："肯定今天要结婚。"是的，任何一个孩子都会从这样的文字中联想，要不孔雀为什么有五彩洒金那么漂亮的尾巴？而且，它还要开屏呢！

他写蝴蝶："这一张对折的情书小笺，正寻觅着花的住处。"写得真是别致，情书还要对折，亏了他想得出来。

他写一群蚂蚁走在同一条道上，"好像一串黑色的珍珠链子"。以珍珠链子为弱小无比的蚂蚁发出的礼赞，最能够获得孩子的信赖了。他把同情心给予了比小孩子还要弱小的蚂蚁，正是这本书最大的特点，也吻合了孩子的心理特点。于·列那

尔有这样本事，让我们热爱这些小动物，把天平向同情心一边倾斜。

他写天鹅：“在池塘里滑行，像一只白色的雪橇。”这样清新的比喻，如果成为孩子的造句练习，那该会引起孩子多大的兴趣呀。而且，我相信，孩子可以照葫芦画瓢，造出“燕子在空中滑行，像一只漂亮的风筝”。或者，“狐狸在雪地里滑行，像一道红色的闪电”。再或者，“蓝鲸在大海里滑行，像一艘巨大的海轮”。我想，大概只有孩子的想象力，可以和于·列那尔有得一拼。

他写萤火虫：“有什么事情呢？晚上九点钟了，他屋里还点着灯。”写得多么亲切呀，任何一个孩子看了这句话，都会会心地一笑。萤火虫点灯，也许谁都能够想出来，有什么事情呢？关心地多问一句，也许，并不是所有的人都能够想得到的了，为什么我们想不到呢？如果我们由此多问自己一句为什么，从而从于·列那尔那里受到点儿启发，也许，我们的想象力会变得更丰富一些。

他写驴，很短：“耳朵太长了。”

他写蛇，更短，只有三个字：“太长了。”

这是印象里最深的两段描写了。虽然是二十多年前看的书，但至今难忘，每逢想起，都忍不住想乐。同样是太长了，为什么我会觉得写得好，并没有感到重复呢？他写蛇的时候，为什么不和写驴一样也写“身子太长了”呢？可以设想，写驴，如果只写“太长了”，人们会说驴哪儿太长了呀？写蛇，如果写成“身子太长了”，则显得多余，难道蛇的身上还有别的地方是太长了吗？我曾经以这两段例子，对孩子们说起，请他们自己比较，他们都会哈哈大笑不止，一下子明白了，语言的微妙之处，正在这里。

于·列那尔还这样描写一只普通的燕子，他先是说：她们“飞得太快了，花园里的水塘都无法临摹她们掠过时的影子”。然后，他把她们看作和自己一样写文章的人：“如果你懂得希腊和拉丁文，而我，我认识烟囱上的燕子在空中写出来的希伯来文。”他以平等的视角和姿态，视燕子与人一样，又将燕子写得比有些人还要可爱。确实，我们不比一棵树和一只燕子高贵和高明，甚至有时还不如。我想，也许正是有这样一点的平等和尊重，于·列那尔笔下的那些小动物才会那样的可爱，那样赢得并不仅是孩子的喜欢。

有时候，我会想象于·列那尔，独自一人在森林里徜徉，默默地注视着那些小动物，以一个孩子的心态和心情，和它们说着悄悄话。这该是一种什么样的生活状态呢？这样生活状态下的作家的笔，和在物欲横流灯红酒绿疲于奔命的生活状态下的作家的笔，能够一样吗？我们现在之所以很难再见到如于·列那尔和普列什文一样的作家，是因为我们少有这样远遁喧嚣的生活状态了。

想起英国的作家乔治·吉辛，几乎和于·列那尔和普列什文一样，他也曾经注意并欣赏过大自然的一切，认为那是世界上最美妙的事情。在《四季笔记》一书里，他这样说：“世界

间还有什么比这更美妙的呢？在阳光普照的春晨，世上有多少人能这样宁静，会心地欣赏天地间的美景呢？每五万人中能否有一人如此呢？”

应该说，于·列那尔和普列什文，肯定是这每五万中的一个了。但我是吗？是这每五万中的一个吗？我不敢抬头看一看他们的眼睛。

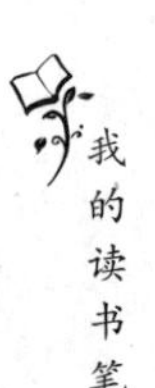

《一篮枞果》的一个疑问

大约四十年前，即“文化大革命”后期，一位插队的朋友借我一本残缺不全的书，是一本巴乌斯托夫斯基选集的下册。这本书对于当时的我，真是相见恨晚。在四周一片喧嚣之时，书里面的内容和现实是那样的格格不入；和当时的文学作品相比，它显得就更加另类，清新的气息，让当时几乎窒息的心得以有了一块解脱之地。至今，这本残缺不全的书，我还保存着，保存着一段读书的历史和心境。

在那些个嘈杂或寂静的夜晚，我从头到尾摘抄书中的很多篇章：《盲厨师》《最后的一车》《雨蒙蒙的早晨》……

《一篮枞果》，也是其中的一篇小说。

这篇小说读后怎么也忘不了。巴乌斯托夫斯基写挪威作曲家格里格的一段往事，在卑尔根的森林里，格里格遇见守林人8岁的女儿达格妮，知道这一天恰巧是她的生日，但他的身上没有带任何的礼物可以给这个可爱的小姑娘。当他弯腰帮助她捡散落一地的枞果的时候，答应她在她18岁的时候送她一个

生日礼物。也就是说10年之后，他要送给她一件生日礼物。会吗？可能吗？一个大人对一个孩子随口说出的话，会是钉天的星吗？我和达格妮一样，充满迷惑和疑问。但是，在达格妮18岁生日的时候，果然收到了格里格送给她的生日礼物。她是在奥斯陆一个美丽的夏季白夜里，在音乐会上听到了格里格送给自己的生日礼物，一首美妙的乐曲。

巴乌斯托夫斯基把这则故事写得很美。不过，让我感动于格里格对于承诺乃至诺言的一片真心之余，那时，总有一个疑问在我的心头没有解开：为什么格里格能够做到，仅仅是为了信守一个林中诺言，仅仅因为达格妮是一个漂亮可爱的小姑娘，便能够付出了10年而不会忘记的代价吗？

这是我对《一篮枞果》的一个疑问。

格里格虽然是实有其人，但《一篮枞果》毕竟是一篇小说，我有些怀疑是不是巴乌斯托夫斯基的虚构。要不，就一定有别的更能够让人信服的原因。但是，巴乌斯托夫斯基没有写到。他只顾及了小说表面的结果，忽略了格里格的内心的原因。虽然我对巴乌斯托夫斯基一直非常崇敬，但这一篇小说中，我以为存在败笔。

一直到将近四十年过后，前些日子，读到张洪模教授写的传记《格里格》（河北人民出版社出版）。这本书以翔实的材料，写尽了格里格丰富而感人的一生，是我看到的关于格里格人生与音乐最全面而权威的一本书。

当我看到书中写到格里格唯一的女儿亚丽珊德拉，13个月

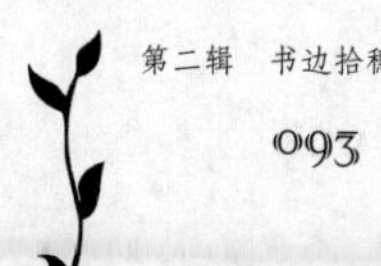

就不幸因病夭折这一节的时候，我才恍然大悟。我一下子明白了巴乌斯托夫斯基在《一篮枞果》里为什么要那样书写格里格对一个8岁小姑娘诺言的信守了。我找到了令人信服的原因，那并不是虚构，而是一个艺术家真实心灵最艺术化的体现。

只是，如果我是巴乌斯托夫斯基的话，我应该在文章中加上这样一节——

当格里格伏下身子，把散落一地的枞果拾回篮子里，帮助达格妮提着一篮沉甸甸的枞果，问她："今天是你几岁的生日呀？"

"8岁。"达格妮的声音清脆得如同一声悦耳的长笛。

8岁，格里格禁不住在嘴边念叨了一句。如果自己的女儿亚丽珊德拉活着，早已经过8岁了。亚丽珊德拉才活了仅仅13个月呀，流星一闪，就病逝了，可怜的女儿没有能够和眼前的这个小姑娘一样过一次8岁的生日。这是他的唯一的孩子啊。

格里格望着达格妮，眼前重叠着两个小姑娘的影子。他轻轻地抚摸了一下达格妮漂亮的一头金发，金发上有阳光留下的温暖，还有调皮的松鼠在树间踩下的几根松针。

格里格问她："小姑娘，你叫什么名字？"

"达格妮。"

"好的，亲爱的达格妮，当你年满18岁的时候，我一定送你一件生日礼物。"

这样，我就找到了文章起承转合的理由，也找到了格里格内心世界最隐秘动人的一隅。

在格里格的心里，那个眼睛里充满童话光芒的可爱的小姑娘达格妮，就是自己无法忘怀的女儿亚丽珊德拉。格里格看到她的时候，一定想起了自己的女儿。他不可能不想起自己的女儿。因此，才有了小说的结局：在达格妮18岁的时候，格里格送给她的生日礼物，那该是他最动人的乐章。

我应该感谢张洪模教授，是他的书给予我启发，帮助我解开了巴乌斯托夫斯基《一篮枞果》曾经给予我的疑问。

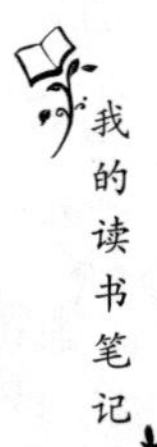

读契佛

契佛（John Cheever）是美国当代一个著名的短篇小说家，《契佛短篇小说选》（外国文艺出版社1984年版）这本书里的文章是以纽约为背景，着重写战后30年中美国社会里的知识分子，他们像镜子一样非常真实地生活，把知识分子在繁华喧嚣的纽约生活之中被挤压、被碰撞的心态描写得很有意思，彼此之间的紧张关系和精神困惑，写得不动声色却有内在的张力。虽然都是些庸常日子里的生活常态，表面看水波不惊，甚至是一地鸡毛，有些流水账的唠叨，却有着不着痕迹的艺术功力，和契佛对生活与人物的透视。

读契佛的小说，让我想起和他同时代的美国画家库珀。库珀冷静的笔触，让画面中的人物始终处于冷漠状态，所有的潜台词和内心涌动的波澜，都在画面的后面，确实和契佛有几分相似。如果用库珀的画给契佛的小说做插图，大概比较合适。契佛确实和库珀一样，不那么剑拔弩张。他像一个饱经沧桑的家庭老主妇，坐在厨房里，在一片一片慢条斯理地剥洋葱，不

知剥到哪一片的时候，忽然辣了一下你的眼睛。

16篇短篇，辣了一下我眼睛的有这样几篇：

《离婚的季节》和《重逢》。前者写夫妻，后者写父子，都是亲人之间的隔膜。人生中，最大的安慰莫过于亲人，最大的伤害和痛苦，也莫过于亲人了。

《离婚的季节》里那一对结婚10年有两个孩子的夫妻，都出身于那种喜欢回忆愉快往事的中产阶级，纽约惯性的生活，除了日常家庭琐事，每周出门一两次，每月娱乐一次，其他打发业余时间的方式就是到附近的朋友家串门了。故事就是从串门开始发生的。一个医生爱上了他的妻子，如同见惯了婚外恋的故事，七年之痒之后常常出现的节外生枝。但纽约的婚外恋不搞偷鸡摸狗，医生送玫瑰花登门向丈夫陈情诉说，打乱了家庭的平静，最后乃至大打出手。结局和大多数家庭一样，激情过后，一切如旧，妻子站在房间里发会儿愣，然后点燃蜡烛，坐下来和全家人一起吃晚饭。契佛没有怎么渲染婚外之情，也没有怎么写夫妻之间的纠葛，而把重心移至婚外情发生过后家庭生活日复一日的重蹈覆辙，平静之中的死水微澜，只能够让人站在那儿偶尔的发会儿愣。这一对夫妻并没有离婚，但小说的名字却叫《离婚的季节》，颇有含意和余味。

《重逢》让我想起卡佛的小说《软卧包厢》，都是发生在火车站，都是父子多年不见后的一次渴望的重逢。只不过，卡佛是让父亲坐着火车来看儿子，契佛则是让儿子坐着火车来看父亲。不同的是，卡佛让父子没有见到面，而契佛让父子见了面，却在匆忙中连一顿饭都没有吃成，最终不欢而散。卡佛把矛盾掩藏在冰山的下面，契佛却让矛盾走上了前台。卡佛一直让父亲一人在演独角戏，契佛则让父子在唱二人转。其处理的角度和方法不同，艺术的效果也就不同，契佛给人以平易，卡佛给人以意外；契佛内化人物的心理，卡佛外化生活的质感。相同的一点，是父与子的矛盾从屠格涅夫开始就是永恒的，其痛彻骨髓的苦楚都弥散在小说的字里行间。

《一台宏大的收音机》构思奇特，简直有些后现代小说的味道，在契佛所有写实的小说里几乎绝无仅有。一对夫妻淘汰旧的收音机，买了一台颇为大个儿的收音机。这台收音机怪了，收音格外灵敏，能够把全楼各家的声音尽收里面，然后播放出来。于是，各家的隐私都毫无遮掩地暴露在这对夫妻的家中，这令他们格外好奇，也格外惊讶。反过头来，他们也害怕起来，怕自己的隐私同样会被别人家听见。他们开始请人修收音机，收音机修好了，夫妻俩的关系变坏了，妻子希望能够再听到邻居声音的时候，收音机里发出的却是冷冰冰的新闻广播，说的是东京的火车事故、布法罗的医院火灾，和当地的气温的温度与湿度的报告。小说真的非常绝妙，体现了契佛的智慧和老到，将人们彼此的关系和微妙的心理，写得淋漓尽致，又别开生面。

写得最好的，要数《圣诞节是穷苦人悲哀的日子》。一个贫穷的名叫查理的公寓楼电梯工，发生在圣诞节从早到晚一天里的故事。早晨每个坐电梯下楼的人都向查理道一声圣诞快

乐，查理都要说一句“对我来说这算不上什么节日，圣诞节对穷人来说是悲哀的日子”。在圣诞节的时候，人们听了他这话，怜悯之心油然而生，都纷纷把同情给予了他，都说要把自己家里的圣诞大餐分一份给他，让他的这个圣诞不再悲哀。他便顺竿爬，谎称他有四个孩子。于是，下午，人们陆陆续续来到电梯里，给他送吃的、喝的，还给他那四个虚拟的孩子送来各种圣诞礼物。这样从来没有过的境遇，让他分外惊喜，那样多的不可思议的吃的、喝的和礼物，堆满了电梯下面他的更衣室，兴奋的他情不自禁地一个人开着电梯全速地一下子开到楼顶，又欢呼着一下子开到楼底，像玩游乐园里过山车一样开心。当他载着一位夫人再一次忘乎所以玩这个空中飞人游戏的时候，夫人尖叫着差点儿没有昏厥在电梯间。乐极生悲，查理被解雇了。晚上，他把那些人们给他孩子的圣诞礼物装进一个装废品的麻袋里，回到他租的那间破旧的小屋。他把这些礼物都给了房东三个瘦得皮包骨的孩子。圣诞节还是穷苦人悲哀的日子。

小说构思的精巧，人物的辛酸，戏剧性的情节变化，看惯了契佛平淡如水的小说之后，这篇给人耳目一新，看得出19世纪我们惯说的那种批判现实主义的小说对契佛的影响。不同的是，他并不像欧·亨利那样刻意书写贫富之间的差异和矛盾，而是将笔深入人物的内心世界复杂微妙之处，而且多了一层隔岸观火的幽默。

虽然我们与纽约的生活距离十万八千里，但是契佛的小说

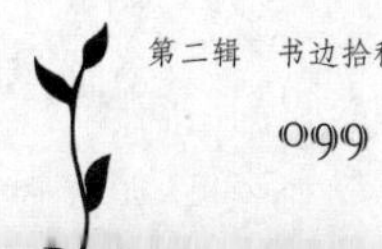

拉近了时空的距离，在契佛的小说里，我们能够看到自己在北京和那些外地进京打工仔的生活影子，和契佛在交错或重叠。契佛的感悟和困惑以及发自心底的那一声微微叹息，其实也是我们自己的，因为我们现在经历的，正是契佛那些个年代里所经历过的，似曾相识是必然的，也是契佛的小说让我们现在读着依然亲切而不过时的原因。

文学还是要描摹人类心灵深处的一些东西，而不是生活浮光掠影的泡沫，哪怕是很热闹的泡沫。这样的文学的生命力才能够长久一些，超越一点时空。从观念到观念，从形式到形式，从生活到生活，和从心灵到心灵，到底是不一样的。

读卡佛

卡佛（Raymond Carver）是美国20世纪80年代复兴短篇小说的主力之一，被称为是和海明威、塞林格、契佛齐名的最伟大的现代短篇小说家。在美国研究他的专著就有不下20本。他的作品被翻译成世界二十多种语言，介绍到德国之后，曾经改变了德国短篇小说的创作。他的几篇短篇小说还被美国著名导演罗伯特·阿特曼改编成电影《浮世男女》，又译《银色性男女》《捷径》。

卡佛1938年5月25日生于俄勒冈，死于1988年8月2日。只是得到文学界的认可很晚，去世那年他才被选入美国国家文学艺术学院（American Academy and Institute of Arts and Letters）。他19岁结婚，21岁的时候就有了两个孩子。一生漂泊动荡，很少有正式的工作。曾经被4次送进医院，强制戒酒，最后死于癌症。死前的那一份奖金才让他的生活稳定了下来，使得他有了时间创作长篇小说，可惜只写了几万字就死掉了。他的写作介乎卡夫卡和品特之间，他笔下的人物都是失败的或是正在走向失败的小人物，很少有欢笑，就像他自己的生活一样。在他的小说里，失去的一切，不是故事的结果，而是故事的开始。

在美国，卡佛被认为是极简主义小说的代表，如果放在大的文化背景下看的话，我们也可以发现他和简约派音乐（比如菲利普·格拉斯）和简约派美术的关系。有人说他是海明威“冰山”理论的最极端的发扬者。

如他的遗作《柴火》一样，重要的是他小说里所省略的部分，没有写的部分可能会更加让我们充满想象。小说主人公梅耶为什么失去了妻子，只提了一句说她跟一个酒鬼跑了，并没有展开；梅耶到索尔家砍柴火，不付钱也要干这个活儿，为什么？柴火为什么对于他生死攸关？也都语焉不详，只是一笔带过。而小说展现在我们面前的是索尔夫妻对梅耶的好奇，梅耶对索尔家中的女主人照片和突然响起来的电话铃声的微妙心理，以及他不断地砍柴火和先后七次出现在视野里那远处的山水。最后，小说写道：“今天我看到了一只野鹰，一只鹿，我劈了一大堆木头。”他将一个失去家庭的男人的孤独心境，在一对夫妻和一堆柴火的映衬下，描摹得木刻一般干净，见棱见角，有力度。

可以看出，到了卡佛那里，文学终于不再是一种炫技或杂耍，没有花腔，甚至没有高潮。他的作品让我们重新认识到小说的力量恰恰源于生活本身的苍白和无力，小说的最终结构恰恰只能是对生活本身的芜杂和荒诞的

模仿和选取。

卡佛是继海明威、福克纳之后最优秀的短篇小说家之一，是真正的当代文学大师。还说他的《柴火》，篇幅虽短，却有完整的故事，其简洁的情节和冷漠的语言，在卡佛的叙事中充满了阅读魅力。文学理论大师（《结尾的意义》一书的作者）珂莫德，曾经说卡佛的小说是在自己给自己放下的镣铐里跳舞跳得最好的人。在限制与留白之间，他看似波澜不惊，却是难得的月白风清，如同我国古典美学中的大味必淡的意思吧。而现在我们有些小说，早将限制的镣铐换上了时髦的金子或珠子做成的手环和脚链了。

不应该让所有小说都像卡佛所写的那样，但也不应该没有像他写的那样的小说的存在。文本膨胀和臃肿往往是个人的选择，但从某种角度上说，我总觉得，在我们现在的社会背景下，一个中国的批判主义作家还不应该是个胖子（臃肿）。卡佛是小说中的汤姆·维茨，汤姆·维茨是美国老牌的摇滚歌手，在罗伯特·阿特曼改编卡佛小说的电影里，汤姆·维茨还出演过其中的一个角色。在他们的作品中，他们同样会告诉你，“那辆带着你离去的火车，恐怕不会再带你回家”——这是汤姆·维茨唱过的一首歌里的一句歌词。

对比卡佛，我们的小说里，不仅少了作者的激情，也少了作者个人的苦难。包括我自己在内，有几个人真的能像卡佛那样在朝不保夕的状态下写作。但我又想，如果真有一个人像卡佛那样写作，我们的读者，我们的评论家们，我们的杂志，会认可吗？如果他不是卡佛，我们还会觉得他真的写得好吗？或者真的能够读得下去吗？所以这不应该仅仅是作家的问题，还更是我们整个的文学观念的问题。我觉得卡佛写得好，恰恰是因为我相信生活本身的缺血缺钙的苍白。不管怎么样，文学就像过去所谓的革命事业一样，总不能只是“请客吃饭”吧？也不能总是像现在电视里的肥皂剧一样，总是男欢女爱打情骂俏吧？小说里呈现出的琐碎与臃肿，不仅来自生活，也来自我们本身，在一个热衷煽情、崇尚繁华、喜欢走秀的年代，小说也可以成为一种表演。所幸的是，卡佛是个小说家兼酗酒者，恰恰不是演员。

读《朗读者》

我一直在盼望着能够有这样一本小说出现。

6年前，我终于读到了《朗读者》（译林出版社出版）。稍稍可惜，是德国人写的，而不是我们自己。作者本哈德·施林克，对于我们是陌生的，但在我看来，他和他的德国作家，特别是战后的德国作家如伯尔、格拉斯一样的杰出和重要。他是一位法学教授和法官，在这本书之前已经出版了三本犯罪小说，卖得都不错。《朗读者》是他第一本"严肃"作品，除了在国内取得了轰动，还马上取得了国际性的成功。光在英语世界里就卖了近200万册，是战后继《香水》卖得最好的德国小说。

同《香水》一样，这同样是一个有关性爱和罪恶的畸情故事，但也同《香水》一样，它在性爱和罪恶的表皮下，讲的是另一个更为深刻的故事，对于战后德国读者，触动的是更具有切肤之痛的问题：那就是如何面对这个民族曾经拥有过的法西斯罪恶的过去，尤其是战后成长起来的第二代第三代人，如何面对自己的上一辈不愿示人的过去！故事讲述了15岁的米夏和36岁的汉娜一次街头偶遇和接下来无法控制的身体接触，女人对自身文盲和集中营看守历史的双重隐瞒，对学习教育的几乎疯狂的重视和偏执，并没有让男孩怀疑自己对女人的迷恋，性爱之前他对女人的高声朗读，不仅变成了小说的标题，也变成了他们之间的一种契约或是默契。然后，汉娜突然不辞而别，小说的第一章到此戛然而止。直到多年以后米夏成为法学大学生时才又看到了她：在法庭上，她出现了，站在历史黑暗的另一边，承担着战后人们对罪恶的指责。

如果她是过去的凶手，米夏该怎么办？读到这里，第二章，小说终于露出了它清冷的锋芒，刺向了每一个后奥斯威辛时代的读者：毕竟历史过去得还并不太久远，罪恶也并不那么遥远。当你和那段黑暗缱绻地上过床以后，你会一身轻松地下床吗？后战争历史中的一代人，该如何面对自己经历过那段沉重历史的父辈母辈的爱呢？

读到这里，我在想，同情节紧凑而貌似情爱流行的第一章写法不同的这一章，我们中国的读者是陌生的，会显得有些隔，却是这部小说最精彩的部分。我们的小说不少已经如一张油饼，被电视剧和时尚的双面煎烤得过分光滑油亮，香酥可口了。但是，在这部小说中，到了这里，作者不仅将汉娜，同时也将米夏置于审判席上，就像第三章中米夏自己说的“全都捆绑在一起出庭”。只不过，米夏内心的折磨更为痛苦，虽然他没有和汉娜有过一次正面的接触，却在他同父亲、同法官、同老师，同他在寻访集中营的路途中遇到的出租汽车司机与餐馆里的瘸老头、年轻人的散点透视中，一次次循环往复地拷问历史和心灵，那就是上下两代人对于历史罪恶的理解与谴责、对于残酷记忆的遗忘和铭记的矛盾。那种沉思与内省的笔触，让我感动，忍不住想起我们自己的历史与现实。

小说写到这里，已经不再仅仅是关于性爱或是罪恶，而是在讲一个有关如何在为了不能够忘却的记忆中，战后新一代人成长的寓言。在这里，汉娜是作为米夏的上一辈而出现的，米夏与她的性爱，不过是下一代对上一代爱的一种极端的象征（在第三章里，作者特别写到那位精神分析专家盖西娜对米夏指出：在他的故事里他的母亲的影子几乎没有出现过，从一个侧面更证实了汉娜在小说中的身份象征）。在调节记忆与现实以及两代人的关系中，汉娜和米夏表现出的不是我们这里的成长小说中所常见的代沟，这里没有任何的预制设想，而是突然发现上一代人的罪恶，又如何处理对他们的爱，面对这种失控交错的纠缠、刺痛，如何以更健康的心态成长，而不是回避或视而不见那种集体记忆留给我们今天所有人的影子。这正是这部小说最打动我的地方。

如果从这个角度而言，我确实读出它是一部成长小说的味道来——当然，这只是我的一种解读，好的小说从来都是多义的。德国人从来都是成长小说的高手，歌德的少年维特的故事曾让年轻的郭沫若声名大振，也使得维特成为那个时代年轻人的偶像，莫非多年以后我们还需要让德国人给我们上这样青春觉醒与成长的一课吗？对于我们，后“文化大革命”时期中，把曾经那场轰轰烈烈的大革命彻底遗忘，而且遗忘得那样漂亮，同时也彻底小资化了的文化中，《朗读者》这部书对于我们有着无法回避的相关性：在和历史调过情以后，就可以心安理得了吗？几代人之间的欲说又止、躲躲藏藏的后面是什么？

值得一提的是小说天然去雕饰的语言，干净得像冰凉的骨架，在骨头的缝隙中是一个被历史隔开的两代人间朗读与倾听、诉说与沉默、罪恶与遗忘、逃避与短兵相接、激情与蓦然惊醒的故事。此次再版的小说中附有童自荣先生精彩朗读的光盘，让这本《朗读者》的朗读者多一层意味。

格拉斯剥洋葱辣了谁的眼睛

德国伟大的作家、诺贝尔文学奖的获得者君特·格拉斯，最近因在《剥洋葱》一书中自曝17岁时曾经参加党卫军而备受关注。谴责他在78岁时候的忏悔来得迟了，甚至有人愤怒指责他虚伪而使其声誉大跌。在德国，战后的反思与忏悔，成为一代人的洗礼，他们处理这样的人物记忆犹新而轻车熟路，人人心里都有杆秤。因此，他们的愤怒和谴责，是可以理解的，与我们的心理与思路不尽相同。

我们当然可以说，格拉斯17岁的丑闻并不能够否定他文学的成就，就如诗人庞德当年也曾经支持过意大利的墨索里尼，指挥家富尔特温格勒和卡拉扬当年也曾经为法西斯垂首做过事情，但是，并不能否定他们的成就与贡献一样。同为指挥家的托斯卡尼尼曾经说过那句著名的话："在作为音乐家的富尔特温格勒面前，我愿意脱帽致敬。但是，在作为普通人的富尔特温格勒的面前，我要戴上两顶帽子。"面对人生中两种轨迹，致敬与谴责，确实需要分别对待。

问题似乎并不仅仅在这里，问题在于对于离我们遥远的异国的一位作家的历史丑行，是苛刻还是宽容，为什么引起我们的关注？为什么我们听到格拉斯的事情后心里会隐隐一颤？格拉斯剥洋葱为什么辣了我们的眼睛？

我们每人心里都有一杆秤，德国的历史和我们的历史、格拉斯和我们，便有着无法分割的相关性和相似的切肤之痛。面对那场离开我们并不遥远却都曾经把我们各自的民族推向灾难边缘的历史，记忆在经受着灵魂的矛盾和考验，理解与谴责，遗忘与铭记，忏悔和推诿，是我们共同的话题。在那个法西斯横行的时代里，施暴者鹰击长空突然激增，而进入新时代他们又鱼翔浅底突然隐匿在大众之中。于是，宽容成为遗忘的最好替身，法不责众和墙倒众人推成为解脱的最为便当的掩体，过于强调一切向前看，有意或无意地忽视和淡漠了回头审视。

在一个好了伤疤忘了疼的年代里，回避记忆，抹掉记忆，热衷于失去记忆，已经是司空见惯。在一个对过去并不长久的历史遗忘得那样漂亮、同时也彻底泛娱乐化的文化背景中，如格拉斯一样，哪怕是在78岁垂垂老矣的时候还能够唤回记忆，不是那么的容易，那是一种能力。习惯忘却，没有记忆能力的民族，便容易得过且过，暖风熏得游人醉，沉醉在现实的灯红酒绿中狂欢。

从这一点意义而言，格拉斯这个老头以他的新书和行为提醒我们，面对历史，首先需要直面回忆。在这本《剥洋葱》的第一章《层层叠叠洋葱皮》里，他就直言：“回忆像孩子一

样，也爱玩捉迷藏的游戏。它会躲藏起来，它爱献媚奉承，爱梳妆打扮，而且常常并非迫不得已。”然后，他以剥洋葱作为比喻，以一个过来人的角度告诉我们，直面真实而真诚的回忆，并不是一件简单容易的事情：“第一层洋葱皮干巴巴的，一碰就沙沙作响。下面一层刚剥开，便露出湿漉漉的第三层，接着就是第四层第五层在窃窃私语，等待上场。每一层洋葱皮都出汗似的渗出长时期回避的词语，外加花里胡哨的字符，似乎是一个故作神秘的人从儿时起，洋葱发芽时起，就想要把自己变成密码。”

除了要唤回记忆，我们每个人都还需要正视和负责，因为那曾经是我们共同的一段历史。只要有勇气担当起这份责任，才有可能对付已经磨出老茧的司空见惯的遗忘，因为责任的前提就是没有遗忘，而回忆的本质则是思想。

每个人对历史负责的方式是多样的，78岁的格拉斯今天的忏悔，和他以前所创作的《铁皮鼓》以及对政治的评论对历史的书写等许多作品，一起参与了对那段历史的揭露，他一直都在用自己的方式进行反思和负责，他今天的回忆才是有思想的，有意义的。可以说，他前后的行为是一致的，是负责任的，17岁时的失足在他的心里一直都是一个痛苦的结（不像我们这里愿意编织成自己受到苦难滴满泪珠儿的花环），他一直都在试图解开这个结。他的这些努力，理应受到人们的尊重。

可以试问，多一个缺乏思考而仅仅承认自己当年是党卫军的人（尽管早些），和多一个写出过《铁皮鼓》这样伟大作品

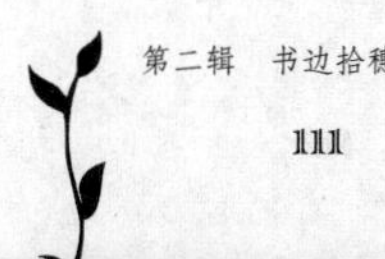

我的读书笔记

的人（尽管晚些），哪一个更有意义和重要呢？简单对历史的承认，无异于签字画押，和融入思考的责任承担，毕竟是不一样的。因此，我们可以说，格拉斯今天迟到的承认，是他一生思考总结的一个有力的句号。面对这样的句号，德国人有理由谴责他的忏悔来得晚了些，但在我们的心里却应该沉淀下一个沉甸甸的叹号或问号，来的时候还为时不晚。

记忆中的影像浮掠而过

——读安妮·艾诺《位置》

《位置》和《一个女人》。我读的这本书是复印件，是儿子在美国读书时从他所在的大学图书馆里特意拷贝了一份，用整齐的钉书器钉好，带给我的。由于没有复印版权页，只知道作者是法国的女作家安妮·艾诺，我不知道是台湾哪个出版社出版的，也不知道译者是谁，对这位女作家也是一无所知。

这两部作品是合在一起出的。《位置》主要写了作者的父亲，《一个女人》主要写了作者的母亲。它们是20世纪80年代的作品，是作者的亲身经历，很写实，质朴而平民化地叙述了她的底层平民父母一代人的平凡的一生。

这是一本关于回忆的书，一本关于忏悔的书。一对生活在诺曼底乡下的父母，后来父亲当兵服役后又当了工人，母亲当了女佣，经历了两次世界大战，战后开了一家小酒馆；一个大学毕业的女儿，读书，听音乐，向往小资和中产阶级的日子；两代人的矛盾，不可避免。彼此的抵牾、隔膜和亲情的碰撞，更多的是女儿对父母的看不起以及父母自己的自卑，就像我们

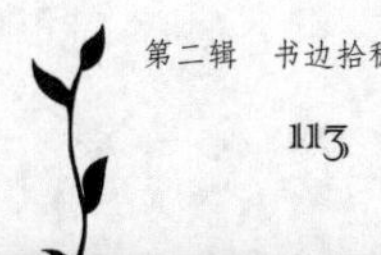

和我们的父母一样。女儿说："在饭桌上常为芝麻蒜皮的事斗起嘴。我总觉得自己有理，因为他不懂得沟通。我要他注意吃东西的样子、说话的样子。我怪他不能送我度假，让我觉得很没面子，我要他改正他的态度，自以为理由很正当。说不定他宁愿有另一个女儿。"而父亲则说：屁股就那么一点儿高，别想翘到哪儿去。

在《位置》的结尾，作者回忆12岁的时候，父亲骑着自行车带她上学，风雨无阻。她写道："说不定他最觉得骄傲的事，或者说他存在的正当性，是这个：我属于鄙夷他的那个世界。他哼着：'是船桨让我们兜圈圈。'"无限的悔恨和感慨，让她写得朴素至极，又留有那样多的空白，让读者唏嘘和共鸣。作为孩子，当他们能够理解父母的时候，一般到了父母老了或已经死的时候。孩子的第一个崇拜和热爱的老师是自己的父母，但反叛的第一个权威，而且最看不起的，往往也是自己的父母。

作者在书中如此夫子自道："回忆里，诗意阙如，也没有欢喜快乐，没有让人会心的一抹微笑。平铺直叙的文笔自然地流露纸页，这种写法，就像以前我写信给我的爸妈，报告生活近况一样。"可以说，这就是这本书的风格。这种风格曾经在法国一度很流行，写的人和读的人都喜欢让文学剔除一切技巧和文字的拐弯抹角，还原到生活琐碎的地方，那是生活的原点和本质。读这本书，让我想起了法国作家菲利普·德莱姆的《第一杯啤酒》。也就是说，并不只是一本书，而是一种

文风。

在安妮·艾诺写她父亲的《位置》中，作者特别指出她反对构思的编排和别具意义，她说："我觉得反而会逐渐丢失我爸爸的特殊面貌。构图会占去所有的位置，意念自行其道。相反的，要是我任由记忆中的影像浮掠而过，倒是那个如其自然的看见他本来的样子。"这是作者写作方法的追求，也是对《位置》书名的题解。

作者在回忆中就这样任由影像断片浮掠而过，如其自然地将她对父母的渴求，对他们的理解，以及父母给予她的点点滴滴，砸姜磨蒜一般，写得非常琐碎，很细腻，又很节制，决不泛滥，没有我们这里一般回忆父母时惯常见到的煽情，是一种真诚到心灵深处的写作。

家境的贫穷，作者这样写道："用一个景象来衡量：一天，天已经黑了，一扇小窗的窗台上，是街上唯一明亮的地方，糖果，粉红色、椭圆形的，沾着一层白粉，闪闪发亮，装在一袋袋玻璃纸里。我们没有权力买，必须要有票。"而她在叙述家的拥挤，她这样说："没有任何私人空间，厕所设在院子里，我们始终生活在清新的空气中。"

在叙述父亲说话带有乡下的土话的口音，拼写字母常常出错，拿着二等车票却误上了头等车厢，被查票员补足票价时被伤的自尊；从来没有去过博物馆，却爱看丰满的女人和宏伟的建筑；爱和女客人闲扯淡时候说些粗俗不堪的性笑话，能从叫声分辨出小鸟的种类，从天空的颜色预报天气的好坏；她请同学来家里做客的时候，父亲讨好女儿对客人的款待如同过节一样，泄漏出出身的卑微；和自己的亲戚在一起，喝酒从中午到下午三四点，他们边喝边聊战争，聊亲人，“几张相片在空杯周围递过来递过去。‘要死也得先痛快再死。来吧！’”以及星期天父亲收拾旧物手里拿着一本黄色刊物，正好被她看到的那种尴尬……一直到父亲临死的前一天夜里，摸摸索索地探过来搂母亲，那时他已经不会说话了。父亲下葬的那天，“绳子吊着棺木摇摇晃晃往下沉，这时候，我妈妈突然啜泣起来，就像我婚礼那天”。

作者写得真的很好，非常动人，特别是最后那句“就像我婚礼那天”。是那种朴素中的动人，就像亚麻布给人的肌肤感觉，并非丝绸华丽的触摸。她的感情不是用感叹的词汇，不是用惊天动地的事件，甚至也不是用我们常常说的细节，而都是这些琐碎得不能再琐碎的日常生活，就如同流水账。只不过，她将父母一生的流水账，在自己的心底里翻开，一遍遍读出的时候，不像读课文时那么做作，更不像讲演时那么虚张声势，也不像和朋友交谈时的宣泄。她采取的方式是喃喃自语，是对父母和对自己的喃喃自语。她在这样的喃喃自语中，努力唤醒回忆，理顺回忆，直面回忆，在和真实的回忆相会的时刻，让自己的心发出无可奈何花落去的悔恨和丝丝疼痛的声响。或许，我们可以说，这是写作的一种姿态。我们一般愿意正襟危坐，或自觉不自觉地在写作时候感觉良好而姿态精英化，而没有躬身和被书写的对象平等对待，回忆便容易变形，而忏悔更

容易稀释，乃至蒙上蕾丝花边。

同时，因为父母的一生经历了两次世界大战，作者将她父母生活的那个动荡沧桑时代像剪影一般简洁地处理，是对我们习惯的宏大叙事的消解，也是和我们写作的惯性姿态不尽相同的。我们可以看出法国在先锋艺术潮流裹挟之下，既有罗伯·格里耶新小说派那样的作家，也有像安妮·艾诺这样写实的作家，他们成为法国当代艺术对称的两极。我觉得安妮·艾诺的写作对我们今天的文学创作，尤其是散文创作，很有意义。有时候，我们不会处理真实的生活，我们愿意在真实生活里添加或去掉一些东西，我们习惯为贤者讳，也习惯把自己打扮一新再出门。

你让我又想起了妈妈

——读张洁《世界上最疼我的那个人去了》

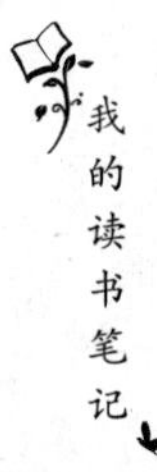

去年冬天到今年春天，我好长一段时间沉浸在张洁发表在《十月》的新作《世界上最疼我的那个人去了》里。我常翻它和张洁新出版的散文集《阑珊集》中有关她和她妈妈的那些文字，便常不能自禁，泪水忍不住落下。

张洁的这些文字付出了她的真诚、她的悔恨、她的心血。尤其是坦诚的自省与愧疚，并不是所有的人都敢于如她一样直戳戳逼视自己的良知，并赤裸裸解剖自己的灵魂的。把自己的面孔化妆成调色盘的太多了。虽然，时下真诚已经贬值、疚悔被视为犯傻、心变成千疮百孔的蚁窝、血早已淡如白开水，但真正的文学不能臣服于时尚，而永远得有真诚、疚悔、心与血的滋润。不管别人如何看，我相信张洁这部长达十余万字的散文，会长长留在需要真诚、更需要母亲的人的心底。因为世界毕竟是靠她们支撑的。

我无法诉说清楚读这篇散文时的心情，但有一点可以说得清，它让我又想起了我的妈妈。

“七十岁的高龄，夏天推个小车在酷暑的太阳底下卖冰棍”，第一次拿到稿费交给妈妈，妈妈瘪着嘴无声地哭了；第一次费劲地把妈妈塞进小汽车上医院看病；妈妈用卫生纸只用很小一块，怎么说也改不了；到医院为了不给别人添麻烦，整整一个上午憋着尿……那一个个带着体温带着心跳带着那些无可挽回时光的细节，直让我恍惚不是张洁，也是属于我的。我的妈妈不也是这样吗？妈妈便一次次从那字里行间向我走来，那么清楚那么近，一伸手就可以摸到她老人家瘦骨嶙峋的胳膊。而张洁不也太像我自己熟悉而亲切的大姐，在那艰辛岁月中陪着妈妈和我一步步这样走过来的吗？一直走到妈妈要火化的那一天，姐姐让我往妈妈的手里塞几枚钱币和一条手绢。她怕妈妈没钱花。正是夏天，她怕妈妈流汗没东西可擦……如梦如烟，我忽然感到与张洁有一种从未有过的亲切与亲近。

“本来人丁就不兴旺，更没有三亲六故地往来……一到年节，看着万家灯火，就会倍感到那么多盏灯火里没有一盏属于我们的凄凉。我们那个家就更显得家不成家。少不更事的我还体味不深，就是苦了妈妈。”一读到这儿，心里就发紧。我无法忘记那岁月、那灯火、那孤灯冷壁家中的妈妈。我永远也忘不掉那年冬天，我到外地采访，硬是把妈妈孤零零一人甩在家中。一个多星期后，当我赶回家的那天晚上，屋里冷如冰窖，妈妈躺在床上，邻居老大爷正劈柴给那个已经熄灭多时的火炉生火。妈妈冻病了，如果不是被收电费的老大爷偶然发现，她就那么挺着是不会开口求人的。她没有责怪我，却一个劲问我晚饭吃了没有。那一晚燃着的炉火和点亮的灯火，让我对家的感受既凄凉又丰富。家那橘黄如豆的灯光，始终是妈妈苦得不能再苦却从不向我诉苦的一颗心脏在跳荡着。

张洁说她少不更事，说她“到了五十岁才懂得如何多爱一点自己的妈妈”。她说得不错。她去看望病中住院的妈妈，不但没有给妈妈送什么可口的饭菜、水果和点心，却呼哧呼哧美美地吃妈妈的病号饭。妈妈从来都是这样省吃俭用地给孩子，从来吃惯了七分钱一斤的芥菜疙瘩……张洁散文里尽数了北京城当年最便宜的几种咸菜的价钱，每种咸菜里都融有妈妈的茹苦含辛。或许别人读到这里会不屑一顾，尝遍中西大餐，他们根本不认识这种芥菜疙瘩，可它却和棒子面一起陪伴了妈妈大半生的岁月。我又想起了妈妈。是的，我又想起了妈妈。

那年，我在北大荒插队，喝了一冬淀粉笼芡的冻土豆汤（黏糊糊的，我们称之为“塑料汤”），喝得倒胃，我写信让妈妈寄点咸菜。妈妈特意跑到六必居给我买了那么贵的八宝咸菜，先是托人给我带来，那人嫌沉不想管，妈妈一气之下跑到邮局给我寄了来。那一斤八宝咸菜一下子贵了几倍！而她自己呢，却也是只吃七分钱一斤的芥菜疙瘩呀！

张洁在这篇散文中说：“又有哪个母亲不是倾其一生，为她的孩子榨干最后一滴血？”只是世上不孝儿女太多，像蚂蟥一样吮吸干净母亲身上的血之后遗忘母亲深恩的太多，太多。

当我们终于长大，懂得珍惜这一切，往往是悔不可及的时候了。落叶还能如鸟儿一样重新飞上枝头吗？一切都可以改

变，唯有妈妈对我们是不能死而复生；一切都可以重新找回或替代，唯有妈妈对我们是唯一的。“我只求妈多给我托些梦，让我在梦里再对她说一次：请你原谅我！”张洁大姐，你说得对，我也只有这样。也许，我是幸运的，虽然妈妈离开我已经多年，她老人家依然常托梦给我，梦见得那么清晰，须眉毕现，和妈妈在时一样。

张洁大姐，谢谢你，你让我又想起了妈妈！

犹如树木进入夜色

——读余华《在细雨中呼喊》

在美国，我在芝加哥大学一位韩国留学生家里住了一段时间。在她的书架上，我看到了余华的书，书的扉页上有余华的签名，是她到北京拜访余华的时候，余华给她的赠书。可以想象，她也是很喜欢余华的小说的。我在她的书架上找到余华的《在细雨中呼喊》，这是余华的第一部长篇小说，前些年的老书了，虽然早读过了，但读起来还很新鲜，便在芝加哥大学宽敞的图书馆里花了几个晚上重新读了一遍。好书不是时令的鲜花或水果，过季就零落腐烂，而是树木，总是能够常读常新，在阅读的空间发现新长出来的枝条，迎风摇曳生姿。

掩卷之后，还是发现自己喜欢这部小说，胜过余华其他的长篇小说，虽然他的《活着》和《许三观卖血记》也很好，但我还是觉得《在细雨中呼喊》写得更好。

也许，这是余华的第一部长篇小说，他生活、情感与写作经验的积累，在这部作品中得到了喷发，无论从生活的质感、感情的抒发、先锋写作的表达，与他以后的几部长篇相比，都

更胜一筹。作为长篇的处子之作，它的清新更是其他长篇无法比拟的。作为长篇写作，他也可能抵达得更远，但出发地更让我流连。

《在细雨中呼喊》，也许应该算作一部成长小说，也应该算是一部回忆小说，寻找并重构回忆。很多作家的长篇处子作都是这样起步的，其自传的成分浓郁，更能看到作家的生活与情感的影子。当然，从某种程度而言，作家的任何一部作品都带有其自传的成分，但这部长篇的自传成分是由表及里渗透骨髓之中的，是弥散在字里行间的。这与日后他的《兄弟》拉开明显的距离。可以这样说，在余华日后的长篇写作中，再也看不到这样的姿态写作。

在重新阅读的时候，心里常常泛溢着异样的感觉，他的叙述方式、语言，将人物和故事剪碎后，不是在时间中而是在自己的回忆中自由散漫地游走的拼贴和表达，今日的感喟与心情，和过去的日子与故事的跳荡、交融与互文，可以想象20世纪80年代文学写作的先锋形象与心理。弥漫全书的少年维特式的忧郁调子，也充满已经远逝的那个时代的诗意。

“我成长以后回顾往事时，总要长久地停留在这个地方，惊诧自己当初为何会将这哗哗的衣服声响，理解成是对那个女人黑夜雨中呼喊的回答。”我以为小说里的这句话，是小说的意象，可以说是小说的种子，正是从这句话出发，余华有了整个小说的走向和规模。

在这部小说里陆续死的人过多，让人感到了生活的沉重和

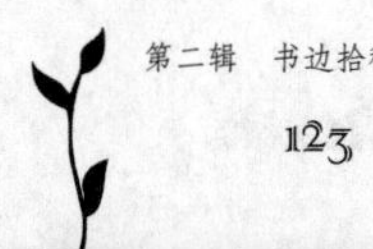

人生的残酷，而这样的沉重和残酷，与《活着》是不同的。

“我第一次看到了死去的人，看上去像是睡着了。原来死去就是睡着了。”“我害怕像陌生男人那样，一旦睡着了就永远不再醒来。”

在另一处，“我”弟弟死的时候，“我弟弟最后一次从水里挣扎着露出头来，睁大双眼直视耀眼的太阳，持续了好几秒钟，直到他最终淹没。几天以后的中午，弟弟被埋葬后，我坐在阳光灿烂的池塘旁，也试图直视太阳，然而耀眼的光芒使我立刻垂下了眼睛。于是我找到了生与死之间的不同，活着的人是无法看清太阳的，只有临死的人才能穿越光芒看清太阳”。

从孩子的眼睛里看到的死亡，更为特殊，有些惊心动魄。在第一次看到死亡之前，“我们奔跑着，像那些河边的羊羔。我们来到一座破旧的庙宇，我看到了几个巨大的蜘蛛网”。“我注意到黑色的衣服上沾满了泥迹，斑斑驳驳就像田埂上那些灰暗的无名之花”。在弟弟死的时候，他着重用了太阳耀眼的光芒。在这里，余华不吝他的比喻，“羊羔”“蜘蛛网”、田埂上的“无名之花”“太阳耀眼的光芒”，来和死亡作对比，来衬托孩子的心情，来对应生与死，像是画面背景洒满点彩之笔的笔触，这是余华日后写作中很少见到的。

“我在语文作业簿的最后一页记下了大和小两个标记。此后父亲和哥哥对我的每一次殴打，我都记录在案。”

“时隔多年以后，我依然保存着这本作业簿，可陈旧的作业簿所散发出来的霉味，让我难以清晰地去感受当初立誓偿还

的心情，取而代之的是微微的惊讶。这惊讶的出现，使我回想起了南门的柳树。我记得在一个初春的早晨，突然惊讶地发现枯干的树枝上布满了嫩绿的新芽。这无疑是属于美好的情景，多年后在记忆里重现时，突然和暗示昔日屈辱的语文作业簿紧密相连，也许是记忆吧，记忆超越了尘世的恩怨之后，独自到来了。”

他将柳树枯干枝条上的嫩绿的新芽和象征着昔日屈辱的作业簿，那样生硬地强拉在一起，却产生了出奇的间离效果。他将记忆中的客观现实与主观心情，写得那样真实而富于起伏。他的思绪和笔触信手拈来，一个细节与意象，如同印象派画家手中的画笔和色彩，总能够随意挥洒出一种意象不到的景致来。

小说中关于“我”和苏家兄弟的交往，写得非常动人，是小说中的华彩乐章。余华没有编排离奇的故事，却用平易但惨痛的人生命运，撞击着少年的心。这是比一般惯常见到的以情节取胜的小说，更具刺痛人心的力量。苏家两个孩子在围墙里家中的游戏和笑声，他们的父亲苏医生骑车带着他们穿过田间小路的时候，坐在前面的弟弟不停地按响车铃，坐在后面的哥哥发出激动人心的喊叫，那些难忘的情景，都让“我”想起了家。“在我十六岁读高一年级时，我才第一次试图去理解家庭这个词，我对自己在南门的家和在孙荡王立强的家庭犹豫了很久，最终确定下来的理解，便是这一幕情景的回忆。”余华总是能找到恰到好处的时间地点和方式，不动声色而富有节制地表达出他的内心涌动的情感，而在不知不觉之中让人生结出厚厚的老茧。

苏家一家返城之后，重新来到苏家围墙前的时候，“我就再也看不到苏家兄弟令我感动的游戏。不过，我经常听到来自围墙里的笑声。我知道他们的游戏仍在进行”。看到这里的时候，我忽然想起了20世纪80年代初期看过的日本电影《生死恋》中主人公重新回到网球场，回想起死去的恋人打球时球落地的砰砰声和那欢快的笑声。那种以静制动的叙述，简约而有力地将心情表达得那样富于画面感，无限延伸的是画面，更是心情。

当返城后的哥哥苏宇找到工作后回到南门找“我”未果，一年后他死了。而多年以后“当我考上大学后，却无法像苏宇参加工作时来告诉我那样，去告诉苏宇。我曾经在城里一条街道上看到过苏杭，苏杭骑着自行车和几个朋友兴高采烈地从我的身旁疾驶而过”。人生的沧桑，打碎了少年的缱绻情怀，一个个梦破碎之后，少年长大了。长大了是司空见惯的结局，长大的过程却那样因人而异，花开花落的枯荣之间，心情与心理的微妙而多端的变化，远比故事的曲折难写，却撩人心魄。很多的时候，是这部小说最让我沉浸之处。

这部小说的语言，也有着与之内容与形式相匹配的清新动人之处。它们是孩子纯真又饱受挫伤之后的眼睛里的影像，也是作者回忆和想象之中的世界。“浑浊的眼泪使父亲的脸像一只蝴蝶一样花里胡哨，青黄的鼻涕挂在嘴唇上，不停地抖

动。”“这是我第一次听到了鲁鲁（一条狗）的声音。那种清脆能让我联想到少女头上鲜艳的蝴蝶结的声音。”余华如此钟情蝴蝶，两次借用了它，新奇大胆，让语言充满魔力。把脸比作蝴蝶，把狗的声音比作蝴蝶结，我还从来没有见过这样的比喻，我们可以称之为通感，其实，它更是余华写作之时心情尽情的释放，情之所至时信马由缰的手到擒来。

好的小说，一定要有好的语言去适配。这是眼下许多小说特别是长篇小说所缺乏的。是语言让小说串联成一条河流淌了起来。好的语言可以让河水流淌得波光潋滟，不好的语言会让河水流淌得浑浊而凝滞。在这部小说中，余华曾经用了这样一个比喻：“他们的面目已经模糊，犹如树木进入夜色那样。”好的小说，其实应该也是这样，好的语言带动着心情和感情，带动着人物和情节，一起共舞，浑然贯通，彼此融合，就像树木进入夜色那样。

花园像吊床一样接住星星

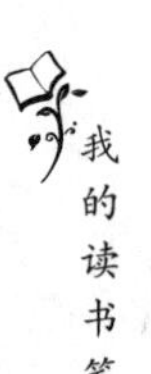

——读巴乌斯托夫斯基《一生的故事》

出于对巴乌斯托夫斯基的喜爱和信任，我买了他这一套六卷本的《一生的故事》（河北教育出版社，非琴译）。

这是巴乌斯托夫斯基的自传体小说。我想他之所以用小说的方式写自传，大概主要原因是希望加强他一生的文学性，而不希望一生只是风干的带鱼一样干巴巴的回顾。在这本他的自传里，虽然也是从小开始写起，写了众多的人物和情景，而且大多只是一些琐碎的事情，但读完之后，并没有一般自传的那种流水账的感觉，更没有那种自恋的色彩。也许，这就是巴乌斯托夫斯基区别于他人之处。无论处理什么样的体裁，他注重文学性，特别是浓郁的诗意，几乎无处不在，扑面而来。

看他在这套书第一部《遥远的岁月》中的“菩提树开”一节，写到1904年契诃夫去世，他在乡间，送家人到莫斯科参加契诃夫的葬礼，一直送到火车站，他们特意跑到田野和森林里采了好多黄精、石竹、矢车菊和母菊，用一层层青苔包好，他说：“我们深信，契诃夫准会喜欢它们。”火车黄昏时才开，

他从火车站回到家里，天已经亮了，他走了整整一夜。那一年，巴乌斯托夫斯基才8岁。这种如花一样美好而善感的文学因子早就植入心里，不可能不弥散在书页之中。

“童年结束了。非常可惜，只有当我们成为大人的时候，我们才开始懂得童年的全部魅力。在童年一切都是另一个样子。我们用明亮而春天的目光观察世界，在我们的心中一切都似乎明亮得多。”“太阳更为明亮，田野的芳香更为浓郁，雷声更响，雨水更为充沛，草叶长得更高。人的心胸更为开阔，痛苦更为尖锐，大地要神秘一千倍……”这是巴乌斯托夫斯基在这本书说的话，童年是造就他文学的另一财富，正是敏感的童年赋予了他文学最初的营养和陶冶，他在写自传而重新回头审视自己童年的时候，才会感到童年的全部魅力，并用他美妙之笔把它们一一书写了出来。

甘娜，那个因病早逝的小姑娘，他16岁的堂表姐，才会被他写得那样美。他是用童年才会有的感情对甘娜说：等我长大了当了船员，一定要把你带到我的船上去。甘娜开玩笑问他带我到你的船上干吗，当厨娘？还是做洗衣女工？他说是我要娶你做我的妻子，并向她发了誓。甘娜死后，他才会采一束母菊，仔细地用黑丝带扎起，放在她的坟前。他说：“甘娜时常把这样的花编在辫子上。”他还说：“妈妈打着红色的小阳伞站在我身旁，不知为什么我觉得很不好意思。”他把一个9岁的孩子的感情写得那样诗意盎然，却干净利落，不动声色。

还有丽莎，那个流浪乐师的贫穷女儿，他和她之间的友情，写得是那样的动人。他常常到流浪乐师的住处，当警察驱赶走流浪乐师和他的女儿的前一天夜晚，他们请他吃了一顿晚饭，只有寒酸的黑面包、烤番茄和几块用粉红纸包着的不干净的硬糖。他很晚才告辞，丽莎一直送他到家门口，“分手时塞给我一块用粉红纸包着的黏糊糊的糖果，就很快跑下了楼梯。我好久下不了决心去拉门铃，害怕因为回来得太晚儿挨骂”。孩子之间纯真的友情，被他写得多么温馨而曼妙，纯净而透明。

巴乌斯托夫斯基极其注重景色的描写，他以为那是俄罗斯这块土地给予他的财富，他善于运用它来抒发感情。不是我们所说的那种惯常的写景来衬托心情，而是融化在他全部的情感和文字当中，成为他这部自传的不能剔除的重要内容和角色之一。

我喜欢巴乌斯托夫斯基这样的文笔。

他写他在树林里看星星：“夜里树梢仿佛消失在空中，如果起了风，星星宛如萤火虫在树枝间飞来飞去。”

他写他在外祖母家看花：“那时候我好像觉得花就是活生生的人。木樨草是一位穿着打了补丁的灰衣服的穷姑娘，只有奇妙的香味暴露了她童话般的出身。”三色堇好像在开假面舞会，“是一些穿着色彩缤纷的舞衣的舞女——一会儿穿蓝的，一会儿穿淡紫色的，一会儿又穿黄色的衣服来”。

在写上述的那个流浪乐师的女儿丽莎和他分手的时候，他写了这样一大段夜晚景色：“高空中第一颗星星亮起来了。秋

天的华丽的花园默默地等待着夜晚，他们知道，星星是一定会落到地上，花园将用自己像吊床一样的浓密的叶丛接住这些星星，然后再那样小心翼翼地把它们放在地上，城里谁也不会因此惊醒，甚至都不会知道这样的事情。”

他不是渲染男女的离情别绪，而用这样美丽得如诗如画的景色，将一对孩子的分别写得如诗如画。在他的这部浩浩六卷的长篇自传中，他都没有渲染那些东西，或致力描写离奇怪异的东西，而是写那些美的东西。他不愿意把自己的笔弄脏，因为他知道笔弄脏了，所写的东西就都脏了。

原来自传或传记也可以这样来写，而不仅仅是市面上流行的名人或明星的隐私的露点、隐情的咀嚼、亲情的煽情，或小题大做的浓妆艳抹，或些许小事水发海带一样的膨胀，或过五关斩六将经历的表扬和自我表扬，然后，配以挑选和剪裁过后容光焕发的个人照片……

当然，那样的写法，也许广有读者，但书的写法和读法是需要一点品位的，这样的品位，需要培养，而这样的培养，需要如巴乌斯托夫斯基一样从童年开始才行。否则，我们只会认识周迅，而不认识鲁迅，我们只会吃点心买铂金，而不会结识冰心和巴金。我们便也只会从家具城买回席梦思软床，以肉体在上面抒情，而怎么也不会想出把花园做成一张吊床，去接住那些从夜空中掉下来的星星。

看和听：世界的两种模式

——读本雅明·莱贝特《疯狂》

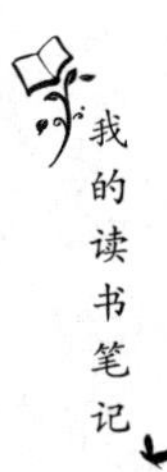

《疯狂》（译林出版社，齐快鸽译）是德国16岁少年本雅明·莱贝特写的一部长篇小说，在德国非常畅销。这是一部关于孩子成长的小说，非常好读。它叙述了一群16岁的中学生夜晚逃离寄宿学校，来到一个叫做诺伊泽沦的长途汽车站，准备乘车到慕尼黑。他们在车站遇见了一个老头。经历了人生沧桑的老头一眼就看穿了他们的心思。老头是个参加过二次世界大战的老兵，战后就是在这个叫做诺伊泽沦的地方认识他的妻子并在这里和她结婚，二十多年前，妻子病故，埋葬在这里的公墓里，他每隔两天就会带上一大束鲜红的玫瑰，乘车从慕尼黑来到这个偏僻的诺伊泽沦到墓地看望妻子。老头的身世让孩子们感动，但老头教育孩子们说的话，一时并不能让孩子们信服，或者说一时孩子们还听不大懂。

当孩子对眼下的生活牢骚满腹的时候，老头向他们解说世界必须按照一定的模式进行，世界的模式就是：看、听、理解、向前走这样四种。老头讲完这番话，火车抵达慕尼黑。

世界真的就是这样的看、听、理解、向前走的四种模式吗？

合上书，我仔细想了想，不得不同意老头讲的是有道理的。看和听是对世界最初认知必须要经过的两个阶段，这是两个最简单的也是两个最难做好的阶段。我们最初落生在人间的时候，还不会说话，就是首先用眼睛来看这个世界的。当我们牙牙学语的时候，也是开始听别人说话，然后才照葫芦画瓢模仿说话的。人类童年几乎完全相似的经历，正好说明了老头说的话的道理，世界模式存在的科学性。只是我们长大以后，常常忽略了看和听对于一个人成长的重要性。

对于世界先不要说真正参透，就是还没有弄明白，我们就容易先对这个世界发表自己的见解，像这群逃学的孩子一样愿意发牢骚，用一些自以为是又似是而非的想法对抗着这个世界，往往容易碰一些得不偿失的软硬钉子。当然，任何年轻人都是这样磕磕碰碰地长大的，等到把世界参透，也就到了这个老头一把胡子的年龄了。但是，我们完全可以少付一点不必要的学费，先看看这个世界，别那么着急，那么冒失，沉住一点气，比较比较，掂量掂量，然后再选择一条稍微好一点的路去走，并不见得非得一下子逃学，深夜去两眼一抹黑的慕尼黑，其实这个世界并不只有慕尼黑，还有许多比慕尼黑更好的地方。

听，尤其是倾听，是我们更缺乏的。鹦鹉学舌、夸夸其谈、谎言盛行、巧舌如簧、大言不惭、把一根稻草说成金条，

现在蔚然成风，我们的舌头用得比耳朵多，已是见多不怪。倾诉是人的一种本能，所以年轻人爱发牢骚，老年人爱唠叨，中年人爱诉苦，是生活中我们屡见不鲜的场景，似乎谁都有一肚子苦水要吐，谁都有一肚子话要说。而听，坐下来耐心地听，特别是能够善于倾听，则不仅是一种修养，是一种智慧，更是一种人生的需要。所谓听君一席话，胜读十年书，讲的就是倾听意义的重要。倾诉和倾听只是一字之差，却相隔遥远。倾诉，是风中满树的树叶在哗哗作响，是把自己的生命发泄给外界，收获的只是一时的痛快和空荡荡的回音；而倾听却是埋藏在地底下的树根，吸收着外界的一切营养，关系着树的生命的生长。

善于倾听，首先就是一种躬身虚心的态度，是一种平等民主的姿态，是一种类似干渴时候对水的渴求。缺乏这样基本的态度和姿态，当然就容易唯我独尊，我说话就得算数，说比听重要，说比听也来得痛快淋漓。不要说兼听则明难以听明了了，也不要说逆耳忠言也难以听得到了，就是许多来自心底的真心话，你也容易要错过了。于是，你便和生命深处的交流失之交臂。倾听，似乎是听别人的，其实却是在收获自己的，滋润着并充盈着你的心田。

我想起十多年前在长江三峡和盲诗人史光柱的一次邂逅。是个夏天的夜晚，两岸的奇峰峭壁夹着蓝宝石一样的夜空，星星很多，闪烁着，和江上的航标灯交相辉映。我看见他独自一人站在船甲板上，扶着船的栏杆，静静地望着夜空，望着江面。我走到他的身边，问他在想什么？他说："不，我不是在想，我是在听，听长江。我是第一次来长江，我只能听。"我又问他你听见了什么？他告诉我："什么都能听见，你能够看到的，我用耳朵都能够听得见。而且，由于我是第一次，这种感觉或许比你看见的还要新鲜，还要令我感动。你看，现在我听见了浪头拍打船舷的声音，我就知道前面的船头在打弯，一定是遇到了一座新的山峰。"我真的很佩服他，他的耳朵一点不比我们的眼睛差，前面果然出现了一座突兀的山峰遮天壁立，船头一弯，又柳暗花明了。这件事情之所以让我记忆深刻，是因为我常想，如果我们也能够如史光柱一样用他那样一双敏感的耳朵去感受生活和世界的话，会是一种什么样的情景？是否是与我们司空见惯的庸常生活与纷繁人生不尽相同的另一番世界？是否能够听到我们平常忽略的、冷漠的、遗失的、阔别已久的、隔膜深远的另一种景致？给予我们另一份思悟和感受？

所以，我说倾诉只是满树迎风摇响的树叶，而倾听是吸收一切营养的树根。倾听才会让你自己越来越丰富起来，对这个世界的认知与理解越来越深邃一些，起码让你觉得这个世界并不是以你为轴心，而有许多心灵与灵魂是比我们自己更丰盈更湿润或更需要我们去感知去搭救。世界往往不是在说中能够达到和谐的，而是在听中达到相互的沟通与理解，即使暂时达不到沟通与理解，起码也能够先达到相互的让步，动荡的世界和苦难的人生，才有可能往前行走。

小说《疯狂》中那个老头说得对，只有在看和听之后，才会有理解和向前走这后两步，世界的模式就是这样。那群逃学到慕尼黑的中学生明白了吗？当夜，他们在慕尼黑喝得酩酊大醉，老头开车连夜把他们送回学校的路上，再一次对他们说到世界的这四种模式时说：我们能够做的一切就是观察、等待，再观察，看看，听听，会有什么事情降临到我们的身上。会有什么事情能够降临到我们的身上呢？在我看来，取决于世界这四种模式的前两种：看和听，你相信吗？

植物中的莎士比亚

——读迈克尔·波伦《植物的欲望》

我从小就喜欢植物，一直认为大自然中唯有植物对于人最不具侵略性，而且是世界上最具有美感的尤物，并能够为人类所用。我读初中时，曾经记下满满一本的植物笔记，把我从北京各个公园所见到的植物，一一记了下来。所以，当我知道美国迈克尔·波伦所著的《植物的欲望》一书，便早早找来，先睹为快。

《植物的欲望》（上海人民出版社，王毅译）是一本有意思的书。这本书主要从人类文化学这个角度来谈植物，和专业的生物学家不尽相同，他似乎有意走到了植物和人类的对立面做文章，即站在了植物的立场上写人，站在了人的角度写植物，既写了植物的社会史，也写了人类的自然史。因此，所谓植物的欲望，实际也就是人类的欲望，两者互为镜像。

迈克尔·波伦是个美国生物学家，他的文笔非常好，谈得也非常生动，不仅讲了植物进化的历史，也讲述了许多植物和人类历史关联的鲜为人知的故事，不像一般学术著作那样深

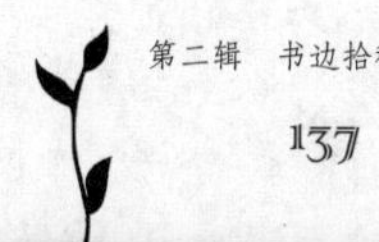

奥而高不可攀，非常好读，并且引人入胜，给人增加了很多植物学的知识之外，还探索了人类的欲望和植物的欲望相互的关系：人类在不断驯服、改变植物的过程之中，植物也反过来引诱、挑逗人类，改造着人类。这些都被他描摹和论述得那样拟人化，新颖别致，又令人信服，引人遐想，让植物的欲望不仅仅是修辞，还成为人类存活的一个有机而不可缺少的组成部分。迈克尔·波伦在这本书中说："花的背后有一个帝国价值的历史，花的形状和颜色以及香气，它的那些基因，都承载着人们在时间长河中的观念和欲望的反映。"这便是这本书的主题。

非常有趣，迈克尔·波伦选择了苹果、郁金香、大麻和马铃薯，这样植物界四种被驯化的品种。这是他精心的选择，因为这四种中一种代表水果，一种代表花卉，一种代表药物植物，一种则是西方人主要的食物。它们分别对应着我们人类才会具有的甜、美、陶醉和控制这样四种欲望或追求。

难道苹果也能够和人一样懂得自己的欲望是甜吗？同样，郁金香的美丽、大麻的陶醉、马铃薯的控制，其实也都属于我们人类自己的而已。植物的进化，有自然的选择作用，也有人类的驯化作用。不过，人类在驯化了它们的同时，也被它们改造了自己的许多方面，乃至观念和价值。迈克尔·波伦甚至说：马铃薯改进了欧洲的历史进程，大麻帮助了西方的浪漫革命，郁金香的花瓣逮住了奥斯曼帝国时期土耳其人的目光，苹果则帮助美国最初的发展，把它的荒原变成了丰饶的伊甸园。

迈克尔·波伦认为植物具有人一样的情感，同样人类也具有植物的属性，我想这大概就是我们所说的物我一体吧！所以，迈克尔·波伦有些得意洋洋地说，植物中经典的花，比如郁金香、百合、兰花，就是植物界里的莎士比亚、密尔顿和托尔斯泰。

有意思就有意思在这儿，似乎还没有人这样向我们论述或描述植物世界里这些有趣的事情，并把它们和人类有意进行如此的比附和对应。

来看看迈克尔·波伦对苹果的叙述，吸引我一下子跌进了他设置的苹果林，那样的曼妙神奇。苹果是大众化的水果之一，世界上水果产量最高的，第一是香蕉，第二就是苹果。他引用美国19世纪著名的牧师亨利·沃德·比彻尔曾经说过的话，首先告诉我们说苹果是最民主化的水果：“不管是被忽视，被虐待，被放弃，它都能够自己管自己，能够硕果累累。”

由于葡萄酒败坏了天主教的风气，名不见经传的大众化的苹果才被从水果界的芸芸众生中推出而逐渐受到追捧。受到追捧最甚的是美国，美国人对苹果情有独钟，在他们国土刚刚开发的时候，是苹果帮助他们将荒原改造成了家园。美国有名的民间英雄“苹果佬约翰尼”，就是当年用了一生40年的生命时光，将苹果树的种子撒在俄亥俄州的荒野上的。迈克尔·波伦极其富有感情地形容这样的种子：从苹果中间切开，有五个小室，排列成非常对称的五角星，每一个都有一枚或两枚种子，

“油亮的深褐色，就像一个细木匠细细地打磨过一样，上了油一样”。它具有“可以随遇而安地生在任何非常不同地方的”杂合性，而且含有少量的氰化物，可避免动物的噬咬，可以保护自己。这些种子极其苦涩，可苹果却格外的甜。而在18世纪的美国，糖还是稀罕物，加勒比海的甘蔗，对于美国还是奢侈品。苹果的甜便越发至尊至上，在美国，那时代里提到甜，指的就是苹果，苹果成为甜的同义词。英国作家斯威夫特把甜和光明称作两件最高贵的事情，迈克尔·波伦指出甜能够给人提供快乐，或满足欲望。历史中苹果的作用，便成为提供快乐和满足欲望的“一个微微闪亮的同值标记”，是何等的不可一世和无可取代。

如今的美国，成为苹果产量最高的国家。据统计，世界每年苹果的产量有几千万吨，美国，占了世界的将近四分之一。苹果成为美国脱贫致富的帮手和骄傲，苹果的历史，竟然有着美国的历史，迈克尔·波伦的描述，引人入胜，简直如惊堂木一拍，神奇得有些像在说评书。

迈克尔·波伦还讲述了许多有趣的事情。比如说我们现在相当熟悉的蛇果，它们是美国向世界出口最多的苹果。他告诉我们，这是当年在衣阿华培养出的新品种，1893年参加密苏里路易安纳的一次比赛中，获得了头奖而被命名为蛇果的，蛇果英文意思是“美味”，因为那时的蛇果“甜得没有了方向”。至今在衣阿华农场的苹果树林中，还能够找到当年第一次结出如此“甜得没有了方向”的那棵老苹果树，在这棵老树的旁

边，为它立有一块花岗岩的纪念碑。我们能够想象得出吗？在我们这里，能够见到为一棵苹果树立碑的离奇的事情吗？

在《苹果》一章里，迈克尔·波伦还特意列举了这样一件事，苏联的生物学家列宁农业科学院院长尼古拉·瓦维洛夫早在1922年就发现了哈萨克斯坦阿拉木图一带的野生苹果树林，为了研究苹果的遗传基因的多样性，他要求保护这片在世界范围内少见的野生苹果树林，却成为斯大林时代对遗传学大批判的牺牲品，先是被关进监狱，后被折磨死在集中营。为了苹果，还有比他付出更惨重代价的人吗？

波伦接着说，1989年，瓦维洛夫的学生，如今80岁高龄的生物学家艾玛卡·迪杰高里夫邀请一批科学家到阿拉木图那片野生苹果树林来看，希望他们能够帮助他挽救它，“因为一个房地产开发的热潮正从阿拉木图向周边的丘陵地带扩散开来”。

苹果的欲望，曾经带给我们“甜得没有了方向”的甜，提供给我们快乐，满足了我们的欲望，却也有着和我们一样的沧桑。一部植物的历史怎么能够不可以也就是我们人类自己的历史？

迈克尔·波伦在这本书的引言中就说过：“我希望你合上书时，外面的事情（以及里面的事情）会看起来有所不同了。这样，当你看到路对面的一棵苹果树或者是桌子那边的郁金香时，它们不再显得那样与众不同，那样‘另类’了。换个角度，将这些植物视为与我们的一种亲密互惠关系中的合作者，意味着有所不同地看待我们自己：把我们自己也视为其他物种的设计和欲望的对象。”是的，读完这本书，我们可以感到这样有所不同的效果，人可以是植物中的一种，而植物确实有我们人的影子。

房龙和拖鞋上的泥土

房龙的书，一般见到的，我都买下来。他的《宽容》谈哲学，《人类的故事》谈历史，《人类的艺术》谈艺术，《与世界伟人谈心》谈人物……虽然写得通俗、浅显，却娓娓道来，如同喁喁细语，促膝而谈，读着舒服，常为他的学问和他的谈学问的平易方法而折服。

讲学问谈得平易而耐读，并不是所有学问家都能够做到的。我们国家起码到目前为止，还没有一位同房龙一样能够如此举重若轻地将复杂艰深的学问水银泻地一般流入寻常百姓家的。我们倒是有不少能够将似是而非半懂不懂的简单学问变戏法一般说得复杂的所谓学问家，打着他们的八卦拳唬人或和我们捉迷藏。

将复杂说得简单，将简单说得复杂——永远是真假学问家之间的区别的不等式。房龙正是以这种明显的区别，独立于读书界而使之魅力长存，总是站在大于号的这一边。

《人类的艺术》（中国和平出版社）一书中，美术、音

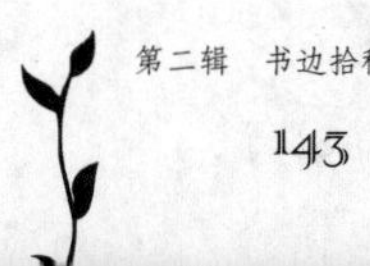

乐、雕塑、舞蹈、建筑、文学、服饰……一切艺术，几乎无所不包。从史前期到20世纪，上穷碧落下黄泉，房龙天马行空，游刃有余，将人类的艺术发展史勾勒得须眉毕至，有他对艺术家的历史的描述，有他对趣闻轶事的钩沉，有他对艺术发展的评价，还有他自己亲自为丛书画的插图。他的学问不是属于雷声大雨点小的威风凛凛的那一种，而是如微风细雨润物吹拂无声无形，却渗透在书的每一页。

比如他记述巴赫，在巴赫死后一个世纪，由门德尔松建议成立的巴赫学会收藏的巴赫的乐谱，浩繁庞大足有60大本。但巴赫在世的时候却无人问津，他有名的《勃来登堡协奏曲》的乐谱只以6便士10分贱价卖了出去，他的无与伦比的《赋格的艺术》出版只卖了30分，按制造铜版的价钱收回成本。即使到了19世纪初，拥有半个世纪悠久历史的布赖特考普及哈德尔出版公司出版了一套巴赫的乐谱集，依然卖不出去。晚年的巴赫双目失明，没有知音，他够悲惨的了，唯一的光荣是他62岁那一年，被普鲁士国王邀请进宫演奏他的音乐，得到了国王的赏识，国王听他的音乐入了迷，连自己主办的长笛音乐会都取消了。但人们并没有因此而改变对巴赫的态度，在人们的眼里巴赫仍然不过是一个年薪700银币的可怜巴巴的合唱队的领唱而已。那么为什么巴赫一辈子就这样与世无争？就这样平静淡泊毫无怨言？房龙这样提问：“如果巴赫真的知道他自身的伟大，那他为什么那样对人们对他的冷漠态度处之泰然？”

房龙在分析了巴赫基督教徒宽厚大度的性格之外，更着

重也更令人信服地分析了那个时代。房龙说：“由于当时他生活的时代，也必然不受大多数人的欢迎。”他又说：“巴赫的不幸，在于他出生于新旧交替的年代。”这个时代是两个世纪之交，宗教狂热冷却了下来，人们希望听到能够把他们从愁苦中解脱出来的轻松的音乐。这时候，意大利歌剧轻松愉快的曲调恰逢其时地适合了人们，给了人们心灵的慰藉。德国当时需要的是一个能写出这样歌剧曲调的音乐家。新旧交替的时代，艺术家面临的艰难，是艺术家对时代的选择，也是时代对艺术家的选择。房龙指出，“巴赫的悲剧，在于他没有成为那个人”。这话说得多么无情，又是多么的准确。

房龙又信手拈来，进一步将巴赫比喻成同他的同乡马丁·路德一样：“正如马丁·路德不是新思想的先驱，而是中世纪信仰的最后捍卫者——中世纪最后一名伟大的英雄——巴赫也不是新的音乐表现形式的先驱，而是中世纪伟大音乐家这样的最后一个。我们很容易忽略这一事实，但这却能说明一切。巴赫的音乐，在我们这些对这个问题不是特别有研究的人听起来，是使我们耳目一新的东西——我们现代人听起来最舒服的东西。但是巴赫音乐的新颖，有如乔托的壁画和约翰·凡·爱克的绘画的新颖。事实上，这些东西，不是对过去的文明的最后总结，是过去的艺术的最高成就，绝不是新世纪的开路先锋。”

房龙就是有这样的本事，深入浅出地将巴赫音乐的成就与时代的局限性，将个人与历史的位置，恰如其分地表达出来，

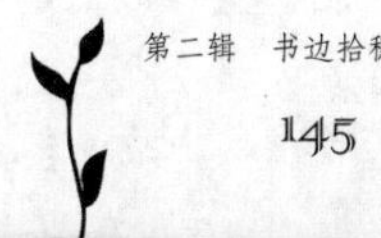

让我们对伟大的音乐家巴赫有一个全面而新的认识，而不是单摆浮搁地介绍一个人物、一种艺术，无原则也无知识地给一切名人鲜花或抛吻。

房龙在他的叙述中虽然尽可能客观而节制，仍掩饰不住他的激情和情绪。比如，同样在这一章中，他对亨德尔的评价明显失之公允，而将感情的天平倾斜在巴赫一边。他对亨德尔做英王宫廷乐长邀宠做了“水上音乐”，而使得国王龙颜大悦，赏赐他年薪2万英镑，便贬斥亨德尔为“堕落分子”，将巴赫称之为“比我通过任何文字揭示人生大道理的哲学家所受的教益还多的人”。我想这也是房龙区别于他人的地方吧!

我们中国的学人一般看不大起房龙和通俗读物。因为，房龙的书也是一种通俗读物。我们所谓的通俗，不成功则成仁，弄不成大雅便一下子容易跌进庸俗之中，抱着猪蹄子当驼掌啃。其实，通俗也不是那么好弄的，它一样需要学问。大学问家不齿于它，没学问的人又弄不通它——这就是我们迄今为止拥有众多的学问家却没有一位房龙的缘故。

房龙自己曾经说过一句很有意思的话：“凡学问一到穿上专家的拖鞋，躲进了它的‘精舍’，而把它的鞋子上的泥土抖去的时候，它就宣布自己预备死了。”这话很值得我们玩味，因为我们有时候爱把学问穿成精致的拖鞋，我们看不起甚至讨厌泥土，便把宝贵的泥土随手抖落了。

一个画家的信史和心史

——读庞薰琹《就是这样走过来的》

《就是这样走过来的》（三联书店）是我去年夏天在病床上读的。那时，我腰伤下不了地，天天躺在床上，这本书伴我度过了寂寞的时光。

第一次知道庞薰琹先生的名字，很晚了，是前几年在美术馆看中国百年油画展，看到了他的一幅油画，作者的名字是他，因为这个琴字的下半截“今”写成了“木”，是现在很少见的琴的异体字，所以很新鲜，便一下子记住了他，这位我国老一辈的油画画家。

其实，称庞薰琹先生为画家，并不准确，他可谓学贯中西，是一位有着西画和国画的双重实践，并对于服饰装潢有着独到造诣的艺术家。庞先生1906年出生，1985年春天去世，这本书是1984年他临终前一年夏天写完的。看陈白尘先生为书作的序言，是1986年夏天写的。心里有些奇怪，如今陈先生也早已过世，为什么书却是近20年后才得以出版？猜想大概是经历了一番周折。如今书界混乱，多以经济利益为由，好书不见得

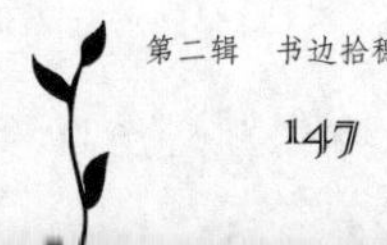

如一些花拳绣腿的书容易出版，早已经不是稀罕事。不过，一本好书经历了20年的周折，即使算不得上咄咄怪事，时间拖得也委实有些长了。

这本书是庞薰琴先生为自己一生写的传，分为“就是这样走过来的”和“记忆的年轮”上下两辑，以新中国成立前后为界，共115个小节。艺术家包括画家、音乐家和作家的传记，自己写的或他人写的，看过不少，如庞薰琴先生这样写法的，并不多见。他没有把传当成一个炫耀自己的万花筒，或专门彰显自己漂亮一面的开屏的孔雀，而是极其朴素、老实，删汰殆尽一切人工的色彩，如同画家笔下的单线白描。全书读完，面对你的不是一个蜚声海内外的画家，而像是一个忠厚的邻家老爷爷，不动声色地在为你讲述天宝往事。

他写他最初对于美术的认识，小时候爱好色彩，源于母亲晾晒家里的旧衣服。“每逢晒这些旧衣服，总深深吸引了我，这些旧衣服式样好看，色彩更好看，袖口上，衣襟上，衣边上都有花边。逢到这样的机会，我就搬只小板凳，坐在这些旧衣服中间，这些旧衣服晒多少时间，我就在那里坐多少时间，看多少时间。”然后，他这样总结道：“色彩与我的关系，我认为不仅仅是爱好问题，它和人类的感情有着牵连，它使我这样一个孩子，进入了如醉如痴的‘美’的境界。”

艺术家之所以成为艺术家，总是有些与众不同的地方，类似鬼使神差。有几个小孩能够如他一样痴迷地坐在小板凳上，衣服晒多少时间，便看多少时间呢？艺术之神和个体是双向的

选择，在晾衣竿的旧衣服之间碰撞契合，正是从童年对色彩与民间装饰的热衷与感悟，才会使得他成为新中国工艺美术的开创者之一，也成为我国除于非闇、陈之佛等先生之外最致力研究并有造诣的中国美术色彩的画家。

这位19岁去国，乘坐“波尔加”号航行36天到达法国马赛港的热血青年，写自己在异国他乡求艺的心路历程，最为动人。这是他们那一代不少艺术家的共同选择，希望自己能够如普罗米修斯一般偷天火以燃烧自己的国家。和他一起当时在法国的有徐悲鸿和常玉，都是中国油画的先驱者，其中，他记述的常玉，令人难忘，大概常玉是他自己的另一个拷贝吧？这位潇洒不羁的天才画家，贫穷得连烧菜的油都买不起，更没钱买油画材料，却把自己的画随手给人，并拒绝别人给他钱，同时拒绝登门求画的画商。只有一次除外，一个出版商要他为陶渊明诗集的法译本搞四幅铜版画，他答应了，却迟迟交不出画，人家知道他是没钱买材料，便给他送来了铜版。可是，他连刻板的工具都没有，一拖再拖，拖得他没钱实在过不下去了，才用一把旧修脚刀，把铜版画搞了出来，很是精彩，大受欢迎，一家德国的出版商为了这四幅铜版插图专门出了一本书。

正是常玉提醒他一定要警惕出版商，并坚决反对他进入巴黎美术学院。他听从了常玉的劝告，没有进入巴黎美术学院，坚持自己的艺术，不为一时的浮名所诱惑。在这本书里，关于庞先生这方面的追求与求索，一个个人物与细节纷至沓来，都是从他的心底里涌出，格外缤纷生动，感人而富有启迪意义。

因为这几乎是所有艺术青年所面临的共同诱惑和困惑。庞先生的艺术之路，和有些人的区别，在于他对于艺术的态度。他几乎算不上一个聪明人，对于艺术纯粹的不带一点渣滓的追求，表现出他的执着、善良与忠厚。他不是凡·高或莫奈式的那种灵光幻化流光溢彩的人物，而是属于米勒笔下的拾穗的农人。也许，正是这样的一点，造就了他人生的命运，特别是后半生悲惨的人生。但是，也正是这一点，吸引我把这本书读下去。在人生中，好人不见得一定就有好命；在艺术的天地里，忠厚却绝对不是无用的别名，而是艺术的灵魂。

在巴黎最初学素描的时候，他画了两幅静物，请老师提意见，老师用斥责的口气说："在色彩中，黑色是不存在的。"他立刻反驳道："影子也是不存在的东西，难道不能以不存在的颜色描写不存在的东西？"这反映了庞先生性格中倔强而叛逆的一面，和他以后创立"决澜社"，反对官学派的画匠们，崇尚自由创造的精神是一致的。但一次在卢森堡公园喷泉后面写生的时候，一位素不相识的波兰画家一直坐在他的身边，最后批评他说："我看你用的颜色，几乎都是从颜色瓶里挤出来的，而不是你自己在调色板上调出来的。做一个画家，每一笔颜色都应该是你自己调出来的。"然后，他继续说："色彩最能表达作者的感情，瓶子里挤出来的颜色不表达什么感情。"这一次，庞先生虚心地接受了这位萍水相逢者的批评，并向他讨教，按照他的方法练习了足足一年多的色彩。

巴黎真正是一座富有艺术气质和氛围的都市，它有这样

的传统，为来自世界各地的青年艺术家提供气候土壤和必要的条件，它拥金揽翠，却也不拒涓流，绝不嫌贫爱富，让一切有才华有抱负的人在这里风云际会，彼此砥砺，彼此启示。庞先生曾经画了一幅《纤夫》，颇受好评，他自己也非常得意，自从搬进巴黎，就一直挂在自己的房间里。一次，一个朋友带来一个美国人，这个美国人看了他的这幅画，一言不发地走了。过了好几天，美国人又来了，请他到自己的住处，窄小的房间里，却暗藏机关，美国人在墙上按了一下，出现一扇小门，里面别有洞天，竟然是一间宽敞的画室，摆满了油画、铅笔画和钢笔画。在“启示”一节里，庞先生写道：“想不到他竟是一个有才能而又谦虚、勤奋的画家……这次会见使我懂得了，艺术的探索是无止境的，必须要勤奋，任何时候都没有骄傲自满的理由。”

庞先生在巴黎五年之后，毅然选取了回国的道路。穿着当时画家的象征一身黑色条绒的衣裤，提着一个手提箱、一个画箱和一个用各种文字写满朋友签名的曼陀铃，离开法国途经德国，去访问一个好友家。一个白发老太太早已经站在路边等着他了，老太太便是好友的母亲。这是一个艺术世家，她带着他来到她家轩豁的餐室，长长的餐桌足可以坐14个人，老太太坐在长桌的上方，让他坐在她身边右手第一个座位上面，偌大的餐室，空荡荡的只坐着他们两人，餐室古色古香，桌椅都有富丽堂皇的雕花。老太太拿起桌上的一只小铃摇了几下，伺者手捧银盘送来一瓶酒，老太太说这是一次大战以前地窖里留下的唯一一瓶莱茵葡萄酒。虽然午餐内容简单，但这样一瓶美酒足以让遥远的岁月复活，庞先生当然知道这餐午饭是老太太精心为他准备的，但为什么要如此气派堂皇，不同凡响，心里充满疑问。老太太微笑地告诉他："你今天坐的椅子，是当年歌德到我家进餐时坐的。这餐厅还保持着当年原样。"告别的时候，老太太拥抱了他，对他说："我的孩子，你要像歌德那样，爱你的祖国。"在动荡和漂泊的岁月里，归国和回家是所有人心里激荡的主旋律的两种配器，祖国，再也没有比祖国更亲切的字眼，庞先生那年轻的赤子之心，是那个时代里我们可以想象却无法抵达的一种心怀和境界。

在读这本书的下半部分，我一直在想这样一个问题，如果庞先生预先知道自己回国以后悲惨的命运在等着他：1957年被打成了右派分子，1966年"文化大革命"中被打成牛鬼蛇神而惨遭批斗，他还会选择回国这条路吗？看完这本书，我坚信，他还会选择这条路的。老太太拥抱他的时候对他说过的话，他不会忘记的："我的孩子，你要像歌德那样，爱你的祖国。"

尽管书的下半部分要粗线条简略得多，但是还能看到庞先生苍凉而辛酸的命运轨迹。有些地方不忍心看，却必须要看下去。一个青春作伴好还乡毅然回国报效怀有那样赤子之心的艺术家，我们并没有好好珍惜和善待。我们有些人还真不如德国的那位老太太懂得他，爱惜他。

1957年，他莫须有被打成右派，撤销了他的中央工艺美术学院副院长的职务，降两级的处分之后，在清华大学万人和工

艺美术学院千人批判大会之后不久，他的妻子，也是我国老一辈油画家丘堤去世了。此后，他开始了他的孤独人生，他的学生他的同事他的一切熟人都不再理他，他也不理别人。他说：“我比坐牢还要苦痛，因为坐牢房还有同伴，而我，只有孤独的我！”他病倒了，全身发麻，十指张不开。四处求医，最后到广安门中医研究院专家蒲大夫的门下。蒲大夫先后给他开了两次药，都没有效果。第三次，蒲大夫把他单独叫到三楼他的休息室，长叹一口气对他说：“你年纪比我小，可是你像是一盏没有油的灯，火快熄灭了，药医不了你的病。”原来，自己的情况，这位蒲大夫早就知道了。他问：“那我还有没有救了？”蒲大夫对他说：“有，靠你自己。”他问什么办法，蒲大夫说：“只要你做到有人指着你鼻子骂你，你能无动于心，只要能做到这一点，你再活20年没问题。”从此，庞先生早晨到公园打太极，白天编写汉代装饰画，晚上听德国的慢唱唱片。他终于再也没有去过医院。蒲大夫和他虽然通彻心病还要心药医，但这样的状况，能够让人心不酸吗？我们当然可以说是艰难困苦玉汝于成，但是，这样的艰难困苦完全是人为，完全是可以避免的呀。而这就是历史，就是人生。只是这样的历史这样的人生对于庞先生未免太残酷太不公平。如果对照书的前半部分，似乎那些激昂、真诚、善良，对于人性与艺术美好的憧憬和追求，都如同电影中的闪回一样，那样的不真实，或者真的是人生如梦一样的感觉和感喟。

在书的102节，有这样的两行字：“1964年。画油画：

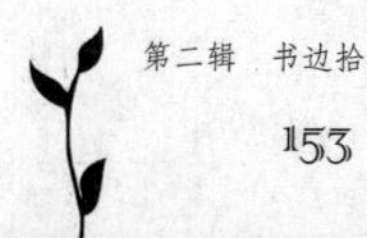

《紫色野花》。花是从花店地下捡回几枝被弃的烂的花，取其意进行创作的。”面对这两行字，我读过好多遍，每读一次，心里都发酸。一个著名的画家，又重回年轻窘迫的巴黎时光，没有钱，更没有机会，可以让他面对鲜花写生创作，而只能从花店地下捡几枝被弃的烂的花回家，悄悄地写生创作。也许，这正是庞先生区别于我们的地方，他毕竟会画画，什么时候，任何人，都无法剥夺他手中的画笔，他可以在用他特有的方式让活下去有了勇气、信心和另一种形式，让绘画不仅仅属于展览会或画廊乃至画框，而属于生命。

读这本书，我知道，后期庞先生画了大量的花卉，《鸡冠花》《美人蕉》《窗前的白菊花》《瓶花》都被中国美术馆收藏，67岁生日之作《瓶花》还曾经参加巴黎美展。这和他前期在巴黎时重视人物与景物的现代派风格浓郁的画作大不相同，他似乎心更加柔软缠绵，甚至他路过崇文门花店看见地上的几朵无人问津的草花，也花了几角钱买回来，放大作画。在经历了颠簸的人生与沧桑的命运折磨捉弄之后，他反越发孩子一般对于比他更弱小而可怜的草花的关切，除了他本身的艺术气质之外，就是他不易操守，不改初衷，依然保持着年轻时候就有的对于生活的真诚和对美的向往。晚年，他写过一首诗，其中有这样几句：“我想安静/想寻美/想寻些劳动后的乐趣/也想让你看见一点美/感到生活也有一点乐趣。”这是他晚年内心的真实写照，也是他留给我们最后的境界。

我喜欢这本书，向很多人推荐过这本书。由此我又特意

买到了他的画册。我还临摹过庞先生的商代饕餮纹、汉代刺虎纹和斗兽纹，以及漆器上的对镜梳妆图。在2007年，这是一本对于我重要的书，是它陪伴我度过了那段伤后的寂寞孤独的时光，让我的心感动、充实。很多地方我读了不止一遍，常常让我读着读着眼泪止不住湿润了眼睛。好书，总是朴素的，而不是花里胡哨；真诚总能够打动人，伪饰的笑靥、唇间涂抹艳丽的唇膏也是分辨得出来的。

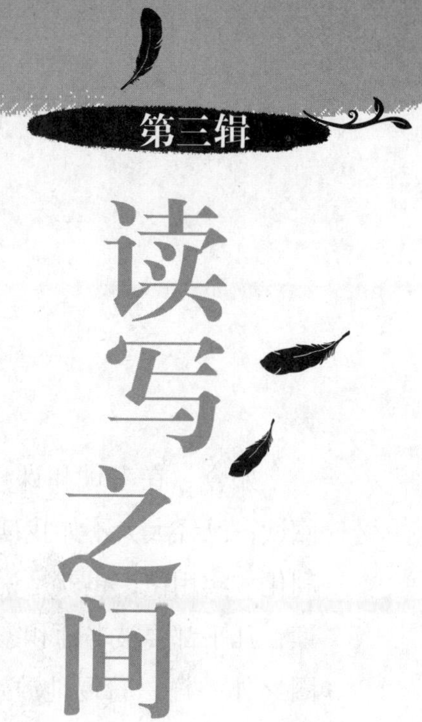

第三辑

读写之间

文学阅读能够给予我们什么

如今，在考试和课程压力之下，学生在课外文学方面的阅读，已经大大不如我读中小学的时候。文学阅读，越来越功利化和实用化，也就是说，只要和考试与分数不沾边的文学阅读，几乎都要被老师和家长，包括学生自己，如同把狼挡在羊圈之外一样，警惕地放在一旁。虽然，新课标之外，有推荐的文学书目，那些书目即便不是大多大而无当，也基本形同虚设。于是，文学阅读，最后被删繁就简，只剩下了一条功能，便是能够帮助学生写作文，高考作文的60分，便成为文学阅读的最大值。

也是，作为一般的文学阅读，既不会为我们的升学加分，也不会为我们的考试增色，我们为什么还需要文学的阅读呢？不必格外强调我们的国家是一个拥有悠久文学传统的国家，按照余光中先生的话说，这个传统分为两方面，一是《诗经》以来的古典传统，二是“五四”以来的新文学传统，如果我们从《诗经》传统算起，我们国家的文学历史非常长了。我们曾经

有过唐诗宋词元曲以及清末以《红楼梦》为代表的小说这样文学的几度辉煌，文学成为我们民族不可或缺的内容之一，成为这个社会的良心，成为我们所有人感情的一种滋养。我们不必说得这样大，只从学生自身成长的角度，来看文学阅读的价值和意义。或者说，文学可以给我们学生时代有几点启迪，让我们应该重新认知文学阅读的价值和意义。

首先一点，在我看来，文学总有一种美好的东西涌动着。文学往往能够给我们美好的情感、美好的情操、美好的憧憬。

很多年以前，我读过俄罗斯作家巴乌斯托夫斯基写的《盲厨师》，由于深受感动，便把全文抄写了一遍。抄它时的那个春雨霏霏的夜晚，至今记忆犹新。夜雨扑窗，悄然无声，仿佛有非常美好的东西从遥远的地方走来，走到我的面前。

文章写的是1786年维也纳近郊风雪呼啸的一个夜晚，给一位伯爵夫人做了一辈子厨师的盲老人，在他的破旧木屋里奄奄一息孤零零的就要去世了。在忏悔了一生所犯的过错之后，他唯一的愿望是能够重新看到早已经故去的他年轻时的恋人，依然出现在早春苹果花盛开的树下，向他款款走来。可是当他说完这话，就嘲笑自己这是不可能的，是自己的病把自己搞糊涂了。怎么可能让一个盲人重新看见人，而且是看见岁月倒流早已逝去的年轻时光和年轻的恋人呢？顶着风雪，走进他这间小木屋的一个年轻人，却对他一连大声说了三遍我可帮你做到！在盲厨师小木屋里那架落满灰尘的破钢琴旁，年轻人坐下，为老人弹奏了一支即兴曲。他弹奏的这支曲子太神奇了，在乐曲中，老人竟真的看见了自己年轻的恋人，走在了早春苹果花盛开的树下，老人打开窗子，扑窗而来的大片大片的雪花，真的觉得就是那芬芳的苹果花。就在这美妙的一瞬间，老人幸福地合上了眼睛。

这个年轻人就是莫扎特。那一年莫扎特30岁。

这实在是一个美丽的故事。莫扎特和他的音乐都是那样神奇。美好的音乐，能够抚慰人哪怕创伤再深的灵魂，能够创造人无限向往却无法创造的奇迹。同样，美好的文字，也能够给人那样深的感动，创造人世间人与人心灵相通的奇迹。

可以说，是莫扎特的音乐，也是巴乌斯托夫斯基的文字，才会让那纷飞的雪花变成了早春盛开的苹果花的。莫扎特和一个普通的盲厨师的故事，展现在我们面前的，是人与人之间美好的感情。这种美好而互通的感情，让我们可以面对生活中的一切不如意，乃至痛苦和艰辛的磨难。它会让我们相信，美好像太阳是存在于我们头顶的天空之上的，即使大雪纷飞的时候，也要相信，苹果花是能够盛开在我们的面前的。

我觉得这就是文学所给予我们的，其他方面所给予不了，而唯有在文学、在艺术当中能够给予我们的。

文学还能给予我们爱。

在很早很早以前，我曾经读过一个很短很短的童话，叫《奶奶眼睛里的阳光》。那时候，我的孩子刚刚出生没有多久，我给孩子买了一本儿童画报，已经过去三十多年了，我到现在还清楚地记得，画报里讲的这个故事：一个小姑娘跟她的

老奶奶生活在一间林中的木屋里，这间木屋因为被林子所包围，一年四季都看不见阳光，老奶奶的眼睛已经变得非常浑浊，看不清了。这时候春天来了，小姑娘跑到森林之外，阳光非常灿烂，小姑娘就用裙子兜了一裙子满满的非常温暖的阳光，从林子外面跑进林子，一直跑到了林中的小木屋。但是不小心，进门的时候被门槛绊了一下，小姑娘跌倒了，于是，兜着满满一裙子的阳光洒到了地上，找不到了，屋子里照样见不到阳光，非常昏暗。小姑娘非常沮丧，掉了眼泪。老奶奶安慰小姑娘说，你不用伤心，你辛辛苦苦好心好意带来的阳光，奶奶看到了呀。小姑娘就问，奶奶，您在哪儿看到了？老奶奶说，我在你的眼睛里，你的眼睛里全都是阳光。

当然，这只是童话，生活当中绝对不会发生这样的事情，我们任何一个美丽的小姑娘，也不能用裙子兜满阳光回来。阳光也不可能从你的裙子里洒满一地，同时阳光也不会穿过林子照进一个昏暗的小屋里。但就是这个美好的童话告诉我们，人和人之间充满了爱，这种爱恰恰是文学所能给予我们的。不管这个社会变得如何复杂，人和人之间的关系变得如何叵测，支撑这个社会，支撑人和人之间的关系，支撑我们能够生活下去的勇气的，恰恰是爱。所以冰心先生早就说过，有了爱就有了一切。而爱恰恰是文学的一个永恒的主题，在文学当中这种爱是博大的、精深的，是能够感染我们的，同时能够影响我们一生的。

文学还能给予我们什么？

我曾经读过一本书，这本书以前出版过，最近由上海一

位老翻译家任溶溶先生重新翻译出版了，这本书叫《夏洛的网》，是美国一个叫做怀特的作家写的。夏洛是一只蜘蛛，夏洛和一头猪是好朋友。圣诞节要到来的时候，人们要把这头猪杀掉，夏洛不忍心让朋友当成圣诞节的晚餐被杀掉，于是她辛辛苦苦织了一夜的网，这个网上织成两个字，翻译成中文就是“好猪”、“神猪”的意思。第二天人们要抓猪了，一看猪圈上面的网写着这两个字，以为是神意呢，神意不可违，不能随便杀，如果这时候把猪杀了，你等于把神得罪了，人们就把猪放了。猪因为夏洛的努力，保住了自己的生命，夏洛和这头猪成为了好朋友。以后夏洛总是在网上写着不同的字，都是为这头猪张罗，为猪做好事，为猪憧憬，使这头猪不仅没有被杀，相反在展览会上屡屡获奖，一下子平步青云。等到夏洛老去的时候，她产下了很多小蜘蛛，夏洛临死前把小蜘蛛托付给这头猪，请他来照顾。夏洛去世之后，这头猪就开始照顾他们，在照顾这些小蜘蛛不断长大的时候，这头猪无限地怀念他的老朋友夏洛。

这是这本书的大概情节。这本书告诉我们什么？给我们什么样的一种感染，或者用语文的术语，反映什么样的主题呢？夏洛跟猪之间的故事，写的实际就是友情的力量。在这个社会当中，我们会发现友情被出卖，善良被出卖，正义被出卖，而假冒伪劣、丑恶的现象比比皆是，到处在滋生。人和人之间的关系变成了像萨特说的，中间隔了一堵墙。但是，文学同时告诉了我们，人和人之间要想打破这堵墙，就要和睦相处，要相互帮助，友谊是我们人生当中不可或缺的。失去了友谊，你就

会觉得生活是一片昏暗的。连一头猪和普通的蜘蛛之间都会有这样纯洁的、高尚的友谊，作为人，万物之灵长，对于友谊的这种渴望，恰恰是因为我们在现代的社会当中缺少友谊。文学恰恰能够弥补这些，能够给我们许许多多关于友谊的启发，让我们渴望友谊，寻找友谊，建造友谊。

我还想再举一个例子，美国作家塞尔登先生写过一本书，这本书叫做《时代广场的蟋蟀》。故事很简单，就是讲纽约的一只老鼠和一只猫，他们两个要合伙接待一只来自远方的蟋蟀。在咱们的传统里，猫和老鼠是敌对的，但是这个童话里面的猫和老鼠却要共同地接待一只来自远方的蟋蟀。这个故事的开端就令人奇怪，吸引人读下去。实际上，他们不仅仅敌对，同时也是陌生的。一只猫和一只老鼠，不仅共同接到了蟋蟀，还共同帮助蟋蟀在纽约最著名的时代广场上成功地演奏。在这种交往过程当中，他们彼此获得了认识，也获得了欢乐。

这样的文学作品，给予我们什么样的感受和体会呢？我们人和人之间在交往过程当中，如今已经很难有这样的欢乐了，不是在交往过程当中互相防范，就是互相敌视。记得在很早很早以前曾经读过一篇小说，小说讲一个学习好的同学，和一个所谓成绩差的同学，两个人放学回家，学习差的同学的笔记忘了抄了，想跟这个学习好的同学借一下她的笔记抄一下。这个学习好的同学说：行，没问题，我的笔记放在家里了，我没带来。学习差的同学说，那我跟你上你家取去吧。于是来到了她家，她家住24楼，正好赶上那天如此高的高楼电梯停电。没关系，咱们爬上去吧，她们一层一层爬到这个好同学的家里，气喘吁吁的，好容易到了她家的门口，这个学习好的同学，忽然告诉这位同学：哎哟，我忘了带钥匙了！我们可以拿这个故事来对比《夏洛的网》和《时代广场的蟋蟀》，可以看出人和人之间交往是多么的不同。文学告诉我们，人们在真诚交往的过程当中，才能够获取欢乐，才能创造彼此的世界。

所以说，文学能够给予我们的东西还是很多很多的。看，文学能够给予我们这种美好的感情，这种爱的向往，这种友谊的力量和交往的态度。但是，我们应该看到，文学所起的作用是潜移默化的，是非物质的，是属于精神领域的，如果我们希望自己的精神变得高尚，希望自己的心灵变得滋润，希望自己的感情变得丰富，在这些方面，文学的作用恰恰是得天独厚的，不可或缺的。

我们的同学将来中学毕业之后，选择的专业可能跟文学离着十万八千里，真正选择以文学作为终身职业的人是极少数。但是，所有的人都离不开文学，文学的作用就是这样的既远又近，既大又小。这样，我们就会理解，为什么像华罗庚先生，一个数学家，他也热爱文学，能写一手好诗。而像爱因斯坦这样伟大的物理学家，他能拉一手好小提琴，有着丰富的文学和艺术的修养。我们便会发现，也许文学阅读并不能够给我们增分加福，文学阅读也不是从很简单的意义上来讲就是为了帮助写好我们的作文。文学应该是我们一生的好朋友，它会使我们的生活变得丰富、变得美好、变得多彩起来。

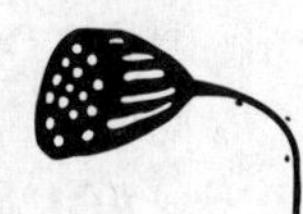

写作入门三部曲

常常有同学和家长问我，如何把我们自己的生活转化成为文学或作文？我们自己的生活很丰富，为什么一到了笔下，就变得空洞，干瘪无味了呢？

其实，要我来说非常简单，文学也好，作文也罢，并不像有些人所说的那样抽象，那样的高不可攀，好像没有规律可循。所谓古人所说的文无定法，写作就需要靠天才。我从来不那样认为。写作确实需要天分，但是写作也是有规律可循的。作为中小学生而言，想把自己的文章写得漂亮，我自己的体会，首先要做就是这样几点，可以作为写作的入门吧。

一、小一点儿，再小一点儿

你所选择的事情一定要小，不要漫天铺地，那样太大。我们要记住，越大越难写，即使有再大的嘴，一口也难以吃下天。因此，不管什么样的题目，也无论记叙文也好，论说文也

好，所选择的点一定要小。

小，从何而来，是从你自己的生活观察而来。小不是凭空捏造出来的。能不能善于在生活当中观察有这样一个小的点又一个小的点，是我们能不能写好文章的前提。

我曾经读过这样一篇文章，叫做《月光手帕》。我觉得他写得就非常好、非常小。讲了一件在医院里发生的小得不能再小的事情。家人住院，他守夜，晚上没处可去，就在医院的楼梯上来回溜达，下去又上来，往返无数，消磨时间。一次，在下楼梯的时候，他看见一个小姑娘，在他的前面也下楼梯。忽然，他看见了小姑娘突然站住了，弯腰要拾一件什么东西。但小姑娘什么东西也没拾起来，扭头看见后面走过来一个人，很不好意思地笑了笑，赶紧下楼了。这时候他走过刚才小姑娘弯腰要拾东西的地方，看见那只是一小片月光，因为这个楼道，窗户是破的，用木板钉死，防止风吹进来，木板上有一个小孔，月光从小孔照射进来，落在楼梯上，这个小块很白，因为四周都是黑的，像一块很白很白的小手绢，不知被谁丢在这个地方，刚才小姑娘想弯腰拾起来的是这块手绢。

就是这样一件小事，作者开始责怪自己，因为这一夜从楼上到楼下没事可干，他来回走了无数次了，但是没有一次注意到，原来月光从窗户上的木板缝隙照进来，落在这个楼梯上，如一块洁白的手绢落在那里，那么的干净，那么漂亮，让小姑娘忍不住想拾起来。为什么小姑娘发现了？而自己没有发现呢？小姑娘纯洁的眼睛，才会把它看成一块手绢，如果没有童

心，没有干干净净的眼睛，你当然错过它，就跟它失之交臂。作者就讲这么一件小事情，我觉得这是非常适合于入门写作的一个很好的标本。它实际上告诉我们的道理并不是多么精深，很多很多美好的事情，可能就是这样被我们忽略掉，被我们有意无意地忽略掉而失之交臂。如果你注意到，你会觉得美好的、有意思的、丰富的事情就在我们身边。这篇文章起码能给我们这样两点启示，一点是如何看待我们周围的生活，一点是如何把我们周围的生活变成我们写作的财富。

顺便，我想说一点，我曾经布置过这样一个作业，请同学们为这篇文章取个题目。结果，五花八门，什么都有：《丢了个手帕》《月光下的手帕》《如雪的月光》《难得一见》《逝去的纯真》《错过的美丽》，还有叫《都是月亮惹的祸》，这明显是张宇的歌名。这个题目非常简单，但是很能测试学生的文学素养以及平常的关心所在。从上述同学们所起的题目，起码分为这样几类：第一类就是非常传统的，比如说《丢了个手帕》《难得一见》，很实在，很平易，但是很传统、老派，有些四平八稳。一类《错过的美丽》《都是月亮惹的祸》，比较时尚，明显可以感觉到是受流行歌曲的影响。一类《如雪的月光》《月光下的手帕》和原作的题目相似，文学味道多了一些，但是都不如原题目精彩。文章的题目是画龙点睛之处，衡量我们作者的才思，作者对生活整体的把握，作者对于生活艺术的这种向往。

这话题扯得稍微远一点，但还是和我们写作的“抓小放

大”有关系。忽略了小，就容易连题目都起得大，起得空。文章的内容和题目是皮与肉的关系，都需要注意小，才能画龙点睛。毛主席以前有句很出名的话叫做：伤其十指，不如断其一指。写作也是一样，只求一点，不求全面。越全面越难写，越是不求全面，集中一点，你越好处理，这是一个非常简单的道理，也是一个非常简单的窍门。我们有志于写作的同学，你不妨从这里开始。如果我们也能够像这位作者一样，能够观察到，能够发现到这样很小很小一片月光的话，就会感到写作的素材真的是取之不尽，用之不竭。

二、细一点儿，再细一点儿

当然，写好一篇文章，不是写小就一切完事大吉，还要注意在小中写细。这一点非常重要，可衡量一个作者的写作水平。如果说做到了前一点即抓住了小，等于找到了门；如果做到这一点，就等于迈进门来了。

小中写细，这个“细”，别看只是一个字，说起来容易，做起来很难。什么叫细？头发丝这样叫细？还是跟风一样看不见叫细？如何把生活中的细观察到手，同时又再现在我们的纸面上，这就是写作的基本功。

已故的老作家汪曾祺先生，曾经写过一篇小说叫做《鉴赏家》，也许能够从小中写细这方面给予我们一些启发。

小说讲述乡间一个卖水果的水果贩子，名叫叶三，跟城里

一个叫季陶民的大画家交往的故事。这个大画家家里一年四季的时令水果，都是叶三给送，下来樱桃送樱桃，下来桃送桃，下来苹果送苹果，下来核桃送核桃，下什么水果送什么水果，所以他跟这个画家非常熟。画家也非常喜欢他，因为他是农村来的，挑着摊子，水果收上来，直接就送到家里，很新鲜。有一次叶三给画家送水果，看见画家正画着一幅画，画的是紫藤，一纸都是紫色的藤花。画家对叶三说我刚画完紫藤，你过来看看怎么样。叶三看了这幅国画，泼墨的国画，说：画得好。画家问：怎么个好法呢？

这就是衡量一个人的本事了。我们特别爱说的词是：紫藤开得真是漂亮，开得真是好看，开得真是栩栩如生，开得真是五彩缤纷，开得真是灿烂，但是，这不叫好，这叫陈词滥调，而我们的同学初学写作的时候，恰恰愿意用这些词汇的堆砌，认为我用的词儿越多，我形容的才能够越生动。恰恰错了。我们还不如这叶三呢。叶三只说了这样一句话，画家立刻点头称是，叶三说：您画的这幅紫藤里有风。画家一愣，说你怎么看出来我这紫藤里有风呢？叶三跟画家说：你画的紫藤花是乱的。

这说明什么？说明叶三观察得仔细。什么叫细？这就叫细。只有观察到这样的细，你写的时候才会写，紫藤一树花是乱的，风在穿花而过，而不说栩栩如生，不说五彩缤纷这样现成的书面词汇。

这让我想起宗璞先生的《紫藤萝瀑布》，她这样观察紫藤

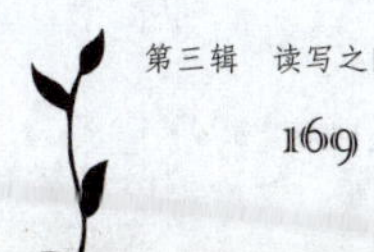

花开时的颜色："泛着点点银光，就像迸溅出的水花。仔细看时，才知道那是每一朵紫花中的最浅的部分，在和阳光互相挑逗。""每一穗花都是上面的盛开，下面的待放。颜色便上浅下深，好像那紫色沉淀下来了，沉淀在最嫩最小的花苞里。"宗璞先生简直是以自己的文字，在给叶三做一次见证一般，再一次告诉我们什么叫做细。

我们再接着讲汪曾祺先生的小说。又有一次，画家画了一幅画，是传统的题材，老鼠上灯台。画完了以后，赶上叶三又送水果来，画家说你看看我这幅老鼠上灯台怎么样？叶三看完以后，说您画的这个上灯台的耗子是小耗子。画家说奇怪了，我画耗子画多少年了，你能分出公母，分出大小了，何以分出来，你给我说说原因。叶三就说：您看您这个耗子上灯台，它的尾巴绕在灯台上好几圈，说明它顽皮，老耗子哪儿有这个劲头，能够爬到灯台上就不错了，早没有劲头绕了。

什么叫做细？这就叫细。你看见耗子，我也看见耗子，你看见灯台，我也看见灯台了，人家能写我也能写，人家写不出来的，我也写不出来，怎么可能分出高低？

又有一次，画家画了一整幅泼墨的墨荷，这是画家最拿手的。他在墨荷旁又画了几个结莲子的莲蓬。叶三又送水果过来，刚刚画完，画家问他画得怎么样。画家也跟小孩一样，等着表扬呢，因为叶三是他的知音呀，但是这次叶三没表扬，对画家说：您呀，这次画错了。画家说我画了一辈子墨荷都是这么画的，还没有人说我错。你说我错，我错在哪儿？叶三说我

们农村有一句谚语：红花莲子白花藕，您画的这个是白荷，白莲花，还结着莲子，这就不对了，应该是开红花才对呀。画家当时不得不佩服，心想叶三他一年四季送水果，一年四季与田间地头打交道，人家的农业生活知识比画家来得真切，画家当场服气，抹了一笔胭脂红，白莲花变成红莲花。

我们看叶三如何观察生活，就明白了什么叫细、细从何得来这样两个问题。首先叶三在紫藤花的乱中看到了风，老鼠上灯台的尾巴分辨出小耗子，以及墨荷图中和红白莲花的区别中，看出什么叫细。同时我们也能看出来，所谓的细就在于我们对于生活的仔细观察和思量。如果说我们对于生活采取了这样细致的观察，使我们自己先于执笔之前，锻炼自己敏锐而细致的眼睛、眼光的话，我们才能够做到下笔的时候写得细，这是非常微妙的，却又是非常具体的。所谓观察生活，所谓写作技巧，是需要如叶三一样在日常生活中锻炼的。

三、新一点儿，再新一点儿

仅仅做到了小和细，还是不够的。在小和细的基础之上，注意出新，是更为重要的。

俄罗斯有一个文学家叫做普里什文，他一辈子写森林，一辈子住在森林里。他曾经写过一部很重要的著作叫《林中水滴》。他写森林，不是啊森林你像海洋，啊森林，你根深叶茂，你枝叶参天，他不那么写，我们很多同学爱那么写，我们电视台上的节目也爱这样说话。但这样写就不新鲜，在普里什文的书中，我们见不到这样的描写和句式。相反，我们看他的书里边，只能看到什么“第一滴水”，“第一只蝌蚪”，“第一颗星星”……这样富有特点又非常小而具体的题目来写。为什么？就是为了避免落入俗套，就是为了写得新鲜一些。

我举一个例子，他写过一篇叫《在老树墩旁边》的短文。森林里有很多树，有一棵被砍伐掉的树，就剩一个老树墩，他就只写这个老树墩周围的东西。我们看看他怎么写，老树墩旁有什么可写的，怎样才能够写得细致生动，这确实衡量一个人的水平。首先你能够在莽莽林海中，一下子捕捉并观察到森林里有这样一个极富特色的老树墩，如果你连老树墩都没看见，你当然就忽略了，很容易跟它失之交臂。而普里什文首先观察到了森林里除了那些参天的大树小树之外，还有这样一个老树墩，老树墩旁边也是一个丰富的五彩缤纷的世界，首先得益于他敏锐而细致的观察。他的观察帮助他寻找到了大森林中无比新奇的东西，这些东西，哪怕在小小的老树墩旁，也可以生机盎然地存在。

我们来看一看，他是如何描写这个老树墩旁边的。他说“森林里从来也不是空的，如果你觉得空，那就是你自己的错，森林里一些老朽的巨大树木周围是一片热烘烘的阳光，就是老朽的巨大树墩周围也是一片安静的热烘烘的阳光，穿过树枝落在他黑暗的身上，周围也温暖起来”。

这是第一段。他为什么要说森林里从来不会是空的，如果

你觉得空，就是你自己错了呢？因为我们想想，树被砍倒了，剩下老树墩就空了，但他不说空，森林不是空的，老树墩旁边也不是空的，然后写了周围一片安静的暖烘烘的阳光透过树枝落在他身上，周围也温暖起来，因为树墩被树挡住，周围是一片黑暗的，这样的一个老树墩不仅温暖，而且一定是有着丰富内容的。

第二段写这样丰富的内容，但普里什文不着急写这些内容，先集中在太阳所照到的一个明亮的发热的点上。为什么？道理很简单：森林大，无法写；老树墩旁也大，也没法写。化大为小，从来都是写作的不二法则。普里什文便缩小到仅仅是太阳所照到的一个明亮的发热的小点上。这样，他的笔一下子就好伸展了，这一个小点可不再只是一个小点，而是内容丰富得多了，居然停着十只螯斯，十只蟋蟀，两只蜥蜴，六只苍蝇，两只步行虫……看看，仅仅这一个小点上，停着这么多小昆虫，不仅如此，还有高高的蕨草像宾客似的云集四周。这时候，他又把笔伸过来写风，说风吹过来，蕨草开始动。看他怎么描写风吹草动的，我们一般容易这么写：微风拂来，草在迎风摇曳，我们愿意用这个非常文绉绉的语，特别爱用“摇曳”，觉得特美。普里什文不是这样写的，他首先拟人化，他认为老树墩就是一个客厅，在这个客厅里头，这些蕨草都是客人，风吹过来了，第一棵蕨草倒向下面，就不再只是一棵草，而像一个人一样，在跟他说着什么悄悄话，第二棵向第三棵，以至于没有一会儿，所有客厅里的蕨草，这些客人都交头接耳起来。

还说普里什文的例子。他在写落叶的时候，也是同样极具想象力地把自然界这一平常的现象，写得新颖别致。

他说在落叶飘落的时候，“兔子一边走一边听，一边老觉得后面有什么东西窃窃私语，偷偷地走近来。胆小的兔子可以鼓起勇气，不去回头看”。看，他写得多么聪明啊，他拉来了胆小的兔子和落叶演出了一出心理剧，让我们习以为常的落叶沙沙声响，以及窃窃私语这样司空见惯的成语，变得这样富于情趣。

在另外一处，他写道：“在这样宁静的时候，白桦树一张黄叶慢慢地飘落下来……这张树叶的动作仿佛引起了万物的注意，所有的云杉、白桦、松树，连同所有阔叶、针叶、树枝，以及灌木丛和灌木丛下的青草毛豆十分惊异，并且问：‘在这样宁静的时候，那树叶怎么会落下来呢？’……不，树叶不是落下来的，原来是一只蜘蛛，想降落到地面上来，便摘了它，做了降落伞，那小蜘蛛就乘着这张叶子降了下来。”他简直把落叶写成了童话，这一回，他用蜘蛛替换了兔子，和落叶演了一出对手戏。同样，他写得格外新鲜，不落俗套，我真的没见过有人这样描写落叶的。

普里什文写得真的是非常生动，但他用的方法其实非常简单，都不过只用了一个修辞方法，就是拟人。所以好的文章没有那么多花里胡哨的词，好的文章并不是从词汇里来，而是从细致的观察、从丰富的想象中得来，首先得益于观察，然后才是联想和想象。好的文章更是从观察出发，在细致的描写中，捕捉到旁人没有注意到的新鲜气息。在普里什文的这篇文章中，我们见识到了我们从来没有注意到的这样已经被人伐倒废弃的老树墩旁，居然有这样一个丰富而生动的世界，连大森林里几株平常不被人注意的小小蕨草，平常得不能再平常的落叶，都这样活泼可爱。

从李白的绝句说起

李白的诗，特别是绝句，不仅浅显易懂，而且充满想象，最适合孩子读。古人曾经有这样高度的评价："太白绝句，每篇只与人别，如《寄王昌龄》《送孟浩然》等作，体格无一分形似。奇节风格，万世一人。"

这里说的《寄王昌龄》《送孟浩然》两首绝句，都是李白写的送别诗。送别的对象不同，情景不同，背景不同，心情不同，当然，诗便不尽相同。看看李白如何写送别诗的，又是怎么样做到"体格无一分形似"的。也许，可以帮助我们如何避免和改进写作中常犯的千篇一律、千人一面的雷同的毛病。

先看《寄王昌龄》：

杨花落尽子归啼，闻道龙标过五溪。
我寄愁心与明月，随风直到夜郎西。

头一句写时间，是春末时分；第二句写地点，王昌龄已

经人过五溪到了贵州。虽“杨花落尽子归啼”，以景带情，又道出送别的时间，可谓一石三鸟，写出几分离愁别绪的哀婉惆怅，但最好的还是最后两句，将李白送别的感情发挥得淋漓尽致。

试想，如果将这两句改成：我寄愁心去，直到夜郎西。还会有这样的效果吗？肯定不会了。那么，原因是什么呢？少了“月”和“风”这两样景物的衬托，感情便显得单薄，无以尽情地抒发。在这里，“月”和“风”便显得如此举足轻重起来。“愁心”借“明月”遣怀，和“明月”融为一体，“愁心”，即所谓我们常说的看不见摸不着的抽象的心情，便有了依附，如明月一般，看得见，摸得着了。这样的心情，再随风一起飘逸，和被送的王昌龄一起，不远千里一直到了贵州，这样的心情该是多么的形象动人和感人。

因此，我们可以看出，写抽象的心情，尽量避免用抽象的词语，而要借用形象的景物。李白在这里借用的是明月与清风，语意便新，诗意便浓了。

再看《送孟浩然》：

故人西辞黄鹤楼，烟花三月下扬州。
孤帆远影碧空尽，惟见长江天际流。

同样写送别，这一首没有如上一首借用明月和清风，轻车熟路来写心情。如果同样借用长江来写心情，说我送你的心情和江水一样滚滚而流，一直伴随你到了扬州。那样的话，雷同就产生了，李白就做不到“体格无一分形似”了。在这里，第一、第二句同样写地点与时间，关键是后两句，李白没有用常见的比喻，而是实情实景实录，人走了，船都看不见影子了，李白还站在那里望呢，这是一种什么样的心情？所谓依依惜别，在这里定格成了一幅生动的画。

其实，这种心情，这种情景，我们都曾经有过。汽车走了，火车开了，轮船起锚了，人都看不见了，我们还站在那里情不自禁使劲地挥着手。我们常常就是这样写送别的情景与心情，也是写实，为什么就没有李白写得那样动人呢？原因很简单，我们只写了前一句“孤帆远影碧空尽”，没有接着写下一句“惟见长江天际流”。有了这下一句，情感才在情境之中凸现，而不仅仅是单摆浮搁的送别。人看不见了，船看不见了，思念却如长江之水从天边涌来，不了之情，滚滚不尽，像音乐一样，有着余音袅袅的意境。

很显然，前一句，可以是一幅画；有了后一句，才成为一首诗。

最后，再来看李白的另一首《赠汪伦》，这首诗曾经选入小学课本里，更为我们耳熟能详：

李白乘舟将欲行，忽闻岸上踏歌声。
桃花潭水深千尺，不及汪伦送我情。

这一首，李白用了我们最爱用也是最常用的比喻，把汪伦送别之时给予李白的友情，夸张地比喻成千尺之深的潭水。

如果仅仅是这样，我觉得不会成为李白的千古绝唱。比喻，谁都会用，谁都常用，即使再夸张的比喻，也并不是多么的新鲜得了不起。这首诗的奥妙之处，在于李白把这池潭水不是写成了一般的潭水，而是写成了“桃花潭水”。虽然，只是比潭水多了“桃花”二字，却一下子神奇了起来，潭水和送别都一下子不同凡响。

或许，潭水池边，确种有桃树，即使没有桃树，因有了桃花的前置词衬于潭水之前，使得潭水有了特定的能指。我们便也可以想象，桃花盛开，一阵风过，桃花瓣瓣飘落在潭水之上，映得潭水一片嫣红。如此美景之下，汪伦出场了，踏着歌声来为李白送别，这会是一幅多么美丽的画面。这样的画面，古风悠悠，被李白手到擒来捕捉到，这真的是写作的本事。这种本事，在于能够将感情巧妙地融入了斑斓的色彩之中，超越了仅仅一般的情景交融。

试想一下，潭水之前，我们不用“桃花”一词来衬，用任何一词试试，比如“一潭池水深千尺”，或“梨花”“杏花”“茶花”“梅花”……还会有这样诗意吗？没有了，改用任何一个别的词语，都没有桃花来得贴切和传神。这就是中国语言的微妙之处。

由李白的诗，我想，学习中国语言之奥妙与微妙之处，唐诗是最好的路径之一。不妨，再举唐诗中其他诗人为例，看看他们又是如何运用这样的奥妙与微妙的语言的。还是以送别诗为例。

王维的《送沈子归江东》："惟有相思似春色，江南江北送君归。"还是传统的比喻，却因有江南江北合二为一的呼应和衬托，将一份相思之情，抒发得气势磅礴。

岑参的《送武判官归京》："山回路转不见君，雪上空留马行处。"和李白的"孤帆远影碧空尽，惟见长江天际流"，有异曲同工之妙。也是送别人已不见，以雪地空留的马蹄印为证，更见伤情。情与景的交融，竟起到了强烈的反衬作用。

许浑的《谢亭送别》："日暮酒醒人已远，满天风雨下西楼。"还是送别人去楼空，还是借用景物抒发心情，但这首诗的别致之处，在于让人和满天风雨一起下楼归去，将景完全拟人化，真的是一幅绝妙的送归图。

由此，我们可以看到，借景抒情，是常见的一种方法，它会让情有了依托，如同鸟有了翅膀可以飞得更远一些。只是，借景抒情的方式有多种多样，看你的捕捉能力和想象力如何了。王维是将景色和心情一并地夸张；岑参是将景特写以强烈的反衬；许浑则是将景物拟人化。

那么，是不是必须都要借景抒情呢？是不是一定要有比喻之类的修辞方法以修饰和衬托呢？直抒胸臆，可不可以也是一种方法呢？

回答是肯定的。看王维的名篇，也曾经入选中小学语文课本的《送元二使安西》："渭城朝雨浥轻尘，客舍青青柳色

新。劝君更尽一杯酒，西出阳关无故人。”全诗白描，没有一个形容词，更没有夸张和虚饰的比喻和衬托。但是，“劝君更尽一杯酒，西出阳关无故人”，无限的心情和感情，都浓缩在这句诗里面了。它几乎成为我们中国人送别时心底涌动的情感共鸣，甚至成为一种富有中国特色的情感符号。《红灯记》里李玉和临别离家时候说的“有这碗酒垫底，什么事情都能够对付”，就是从王维这句诗里延伸而流淌下来的气脉。

直白得不能再直白了，却如同清水一样清澈透明，依然能够打动我们。打动我们的原因，就在于它感情的真挚与真诚。这一点，恰恰是为文的灵魂，所有的方法都应该为其马首是瞻。

顺便说一句，将一种主题和写法相近的诗和文章，放在一起来读，有时候也是一种学习的方法。有了多种参照物的相互比较，我们可能会悟出一些东西来。所谓一头羊为养，一群羊为放，显然是放要比养更富有生机和活力。

从杜甫的对仗说起

读唐诗、读绝句的话，李白的要比杜甫的好；但要读律诗，我认为杜甫胜于李白。原因在于，杜甫律诗里的对仗，更工整，更讲究，更富有寻常人生的感悟和哲思。因此，读杜甫诗，尤其注意其中的对仗，能够格外体会到中国文字的独到之处，其字与字和词与词之间微妙的变化和韵味，只有中国文字才能够拥有，是完全靠符号支撑起来的西洋文字难以品味得到的。在我们语言越来越粗鄙化的当今，学习这样古典并经典式的文字，尤为需要。特别对于孩子的启蒙教育，不可缺少这样的营养成分。记得前两年曾有过对于中国字简化与繁体的争论，其实还不如把争论的气力放在对于中国文字的古典教育上，也许，对于中国文字的保护会更实际一些。

过去我们的旧学里是讲究对仗这样的文字训练的，从小要学"天对地，雨对风，雨纷纷对雾蒙蒙"的。记得我小的时候，只有高小毕业的父亲，常常对我说纪晓岚对对子是一绝，然后必定要讲纪晓岚小的时候对对子的一段奇闻轶事，说他小

时候如何聪明绝顶，家里穷，到了春天还穿着大棉袄，天热，拿着蒲扇扇着，这一天从南方来了一位大官，看见他这样子很好笑，指着他脱口出了一个上联：穿冬衣拿夏扇胡闹春秋。没想到纪晓岚听了不高兴，立刻对出下联：到北方说南语不是东西。这副对子，父亲不知讲过多少遍，听得我耳朵都起茧，却是对我对仗的启蒙，至今难忘。

这样的传统，早已如断线的风筝一样飞远。如今我们的语文教学关于古诗的学习，更注重其中的微言大义，学一些不着调的东西。不知别人怎么样对待，无论当初当老师还是当家长的时候，我反正是格外重视古诗里的对仗，其中奥妙无以穷尽，对于孩子，简直就是智力的体操，如同品酒师需要锻炼味觉一样，我们对于中国文字的感悟力，也需要锻炼。

就说杜甫诗中的对仗，这里说的既包括他的律诗，也包括他的绝句，全部以七言为例，以写自然景物的为例。因为这样的诗句，对于孩子更容易接受，大自然和诗，应该是孩子天然的朋友。

“两个黄鹂鸣翠柳，一行白鹭上青大”是孩子最熟悉的，在历朝历代的小学语文课本里，都会选它，实在是因为它的对仗工整又可爱，而且，没有一个生僻字，都是大白话，一看就懂，让你感到，相隔了一千多年，杜甫用的也是和我们现在一模一样的话语。好的文字，就是这样和岁月和我们没有任何隔膜。

相比较这首诗的下面一联对仗“窗含西岭千秋雪，门泊

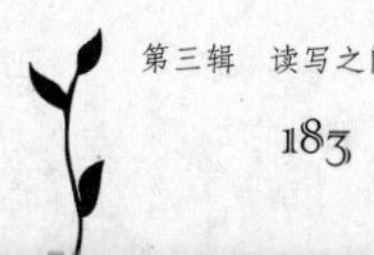

我的读书笔记

东吴万里船”，就弱了些。同样的数字，“千秋”和“万里”的对仗，显得更虚更文了一些，不如“两个”和“一行”的对仗直白得亲近，如同我们平常的说话。黄鹂的“黄”和白鹭的“白”；翠柳的“翠”与青天的“青”的对仗，会让我们从小就有对于颜色的敏感。很难想象，如果用yellow去对white，还能有这样的效果吗？

“自来自去堂上燕，相亲相近水中鸥。”依然是口语一般的亲近，让你惊讶大白话居然可以成为千古不灭的好句子。燕子和鸥鸟的拟人化，我们可以想见，“自来自去”对“相亲相近”，还能有这样平易却又贴切的对仗吗？

“花莺过水翻回去，燕子衔泥湿不妨。”日常之景，渡水的花莺，衔泥的燕子，都让他书写得这样富于人情味。水面上来回飞的花莺，让我们看到了可爱的韧劲儿。衔泥不怕湿，是燕子不怕呢？还是诗人不怕？都格外体现着一种特别温馨的味道。

“颠狂柳絮随风去，轻薄桃花逐水流”，还是日常之景，柳絮和桃花，却因“颠狂”和“轻薄”的对仗，而生机盎然。因为这两个词一般是写人的，这里的拟人化，让我们看得是那样的会心，将平常已经被人写滥写俗的柳絮和桃花，被这两个词化腐朽为神奇，对仗会让词语乃至全诗的意境都能出奇制胜。

“叶心朱实看时落，阶面青苔老更生。”依然是日常之景，果子和青苔，和我们有了交流；“看时落”对仗“老更

生”，让果子和青苔变得不同寻常，如同我们人一样在生长的过程中有了往复的生命。只有深切的体会，才会体会到叶心的“心”，对阶面的“面”的奥妙，为什么不用“叶里”对“阶上”，一样工整呀。“心”是比“里”更里面的深处，青苔正是紧贴在“面”上而生的呢。因此，说阶上花草，可以，说阶上青苔，就不那么确切。这就是中国文字的功夫啊。英文里的in、on、at，哪里有这样的丰富和奥妙！

“穿花蛱蝶深深见，点水蜻蜓款款飞。”蜻蜓点水是现成的成语，让蝴蝶穿花和它相对，多么的聪明又和谐；“深深”对“款款”，又见他观察是如何的细致。而这一切对于孩子，是拉近和大自然的关系的天然图画。

说到观察，由于“三吏”和“三别”，我们常误以为杜甫社会感的沉郁过重。其实，他常住乡间（是真正的乡间，不是现在有些人住的乡间别墅或度假村），对自然的情感，几乎和孩子相通，观察得格外仔细特别，也和孩子的心理相似。“巢边野雀群欺燕，花底山蜂远趁人”，野鸟到人间的窝边欺负燕子去了，山里的蜜蜂远避人群去花中静静地采蜜，其中的爱恨情感，特别是对弱势的偏向，和孩子们是多么的相近。“群”对“远”，多么的别致，又充满感情的色彩。“笋根雉子无人见，沙上凫雏傍母眠”，对比无人怜见的孤独小野鸡，水鸟母子情深，更会让孩子引发联想。“山禽引子哺红果，溪女得钱留白鱼”，依然是一幅山禽母子图，只不过这一次是衔果图，对比的是溪女，其中字字对仗工稳，特别是“山”对“溪”，

“引”对“得”，“红果”对“白鱼”，让我们看到了景色、颜色和动作，一幅画里有情有景有动有静。

看似对于文字的信手拈来，其实是缘自对于文字的敏感，对于庸常生活态度的达观，而不是仅仅把对仗当成一种简单的文字游戏。“身过花间沾湿好，醉于马上往来轻”，写得真的是好，那种花间穿行和马上醉归的感觉，将琐碎的生活写得那样蕴藉，写得那样让我们感同身受。“花径不曾缘客扫，蓬门今始为君开”，什么时候读，什么时候还会一如既往地感动，那种日常日子里的情感，在字字对仗里得到了最完美而诗意的洋溢。

杜甫的对仗里，有时爱用数字。“秋水才深四五尺，野航恰受两三人”；“蓝水远从千涧落，玉山高并两峰寒”；“一声何处送书雁，百丈谁家上水船”……这当然是中国古诗的传统，但杜甫用得恰到好处。用“百丈”对“一声”，和用“千涧”对“两峰”一样，都是以虚对实，为的是突出实。而秋水“四五尺”却是大致实在的深度，小船只能载“两三人”，也是实际的情况，数字运用的方法，显然和前面不一样，但那种乡村野外的情景却因“四五尺”和“两三人”的对仗，显得格外亲切和平易。

杜甫的对仗里，有时爱用叠词。“无边落木萧萧下，不尽长江滚滚来”，“繁枝容易纷纷落，嫩叶商量细细开”，“留连戏蝶时时舞，自在娇莺恰恰啼”，是最出名的几联。它不仅体现了中国文字的韵律美，更在于散发出与大自然相通相融的

感情，渗透着从大自然司空见惯的景物之中概括出来的人生哲理。也许，这正是中国文字的特色吧。“容易”对“商量”，多么别致；“纷纷落”对“细细开”，又是多么熨帖；“繁枝”和“嫩叶”的对比，在杜甫的笔下和我们的心里，一下子不仅含有大自然的规律，也含有人生的哲思。同样，“萧萧下”的落木，“滚滚来”的江水，已经成为一种富于中国特色的象征，成为属于我们中国的至理名言。

也许，这正是中国文字独具的魅力吧。从杜甫对仗里，我们看到蕴藏在中国文字之外，除天音浩荡的韵律外，更有幽幽的轩豁天地。

从短写起

好的文章，不论长短，就像好诗可以有荷马史诗一样的长，也可以有唐人绝句一样的短。作为一般初学写作者而言，从短写起应该是一个不错的选择。在我看来，它最锻炼人，也最考验人。我对那些能够写一手漂亮短文章的人，一向充满敬意，就如冰心先生曾经说过她是文章“护短的人”，我也是一个“护短的人”。

读已故老作家孙犁先生的六十多年前的《照片》，不足千字，写得短小精悍，读后却让人印象深刻，心里感到沉甸甸的。

细想一下，为什么会在短短的文字中有这样的效果？因为他集中在一点上做文章，其余的一切都省略掉了，文字自然就干净了，内容也就突出了。这一点，就是照片。我们来看看孙犁先生是如何围绕着照片一笔笔写下来的。

他先写抗战刚刚结束，正月里，“我”去乡里替抗属写信。一般的妇女都是抱着孩子来，拿着剪鞋样或糊窗户剩下的纸，找我给她们的丈夫写信，唯独一位远房的嫂子拿来了一张自己的小小照片。看，一开头，就写到了照片。就像一个包子，一口就咬到了馅，而不是把皮做厚，先浪费笔墨，兜圈子。有时候，开门见山，就是最好的方法。

然后，详细写照片。分三层来写。先说照片上的人和实人长得不像，而且，“这样一个活泼好笑的人，照出相来，竟这么呆板阴沉！”原来是日寇占领村子的时候，逼迫做的良民证上的照片——这是写照片的第一层。

第二层，“我”对她说为什么不换一张别的照片？她说就为了让丈夫看看，敌人在时家里受的什么苦——加深照片给读者的印象，这是一张与众不同的照片。

第三层，进一步写照片上一角有一点白光，是鬼子的刺刀在闪光，照相的时候，鬼子站在后面拿枪逼着呢——用刺刀光的细节，强化照片的效果，让读者看到原来是这样遭罪受屈辱的一张照片，为什么她要拿这样的一张照片给丈夫寄去呢？

便出现了文章的结尾：“叫他看看这个！叫他坚决的打仗，保护好老百姓，那样受苦受难的日子，就再也来不了！”戛然而止，恰到好处。以照片入题，以照片收尾，全部围绕照片做文章，文章作得才会如一碗清水，点滴未漏，全部盛在碗中，晶莹剔透，清新湿润，将一位妇女战后的情感，形象生动地表现了出来。可以设想，如果仅仅是写信，写的内容再多，把全家在抗战八年来所遭受的苦难一一写出来，文章会拉得很长，但还会有这样的效果吗？

流水账，便赶不上一张照片，所谓宁吃鲜桃一口，不吃烂杏半筐。伤其十指，不如断其一指，集中一点，不计其余，往往是把文章写短写好的好方法之一。

读另一位前辈作家汪曾祺先生的《咸菜茨菰汤》，也是不足千字，一样很值得学习。我曾经做过读书笔记，将这则短文仔细拆开，看它的结构，看它是如何铺排行文，谋局成篇的。

这篇题目叫《咸菜茨菰汤》，其实主要是写茨菰，分为前后两部分：不喜欢茨菰和喜欢茨菰。

前一部分是回忆，分为这样四个层次：

1. 一到下雪天，家里就要喝咸菜汤。

2. 介绍咸菜汤的用菜和腌法。

3. 咸菜汤的做法。“到了下雪的天气，咸菜已经腌得很咸了，而且已经发酸。咸菜汤的颜色是暗绿的。没有吃惯的人，是不容易引起食欲的。”

4. 加茨菰的咸菜汤，但“我”小时候对茨菰没有好感，有股子苦味，总是吃，很难吃。

可以看出，这段回忆，主要写了两个意思，一是从咸菜汤到加了茨菰的咸菜汤的递进，咸菜茨菰汤更为难吃；二是“我”对茨菰汤没有好感，落到不喜欢上。

有一个问题，为什么汪先生用了几乎一半以上的篇幅详细记叙了这段回忆呢？难道这仅仅是一篇忆旧的文章吗？这要到看完全文之后，才能明白，为的就是让喜欢和不喜欢作个对比。

后一部分写现在，在写之前，有一句话做过渡：“我十九岁离乡，辗转漂流，三四十年没有吃到茨菰，但不想。”干净利落，衔接了前后两部分，从不喜欢怎么就到了喜欢了？

这一部分分为四层：

1. 到沈从文家做客，师母炒了盘茨菰，沈从文说好吃。

2. 因为久违茨菰，“我”也觉得好吃，开始对茨菰有了感情，到菜市场专门买茨菰，但家里人不爱吃，都让自己一人“包圆儿”了。

3. 北京人不认识茨菰，总问“我”茨菰是什么，这可不好回答。

4. 茨菰在北京卖得又很贵。

这里也有一个问题，为什么要写一段北京人不识茨菰，还特别写了它的贵？仔细揣摩，会明白，茨菰到北京，和“我”到北京一样，都是离开家乡太远了，所以北京人不认识它；而原本在家乡最普通不过的茨菰到了北京身价也不一样了，让人有种物是人非、流年暗换的感觉，“我”离开家乡三四十年中间这一段岁月，才有了内含的滋味。

结尾，两句话，两个小自然段：“我很想一碗咸菜茨菰汤。”“我想念家乡的雪。”头一句和题目相扣，后一句和文章的开头雪天喝茨菰汤相扣。别看短小，起承转合不露痕迹，文章作得严丝合缝，特别值得我们学习。

贾平凹有一篇《吃面》，也很短，也是不足千字。一共就五个自然段，来看他这五段是如何分配的——

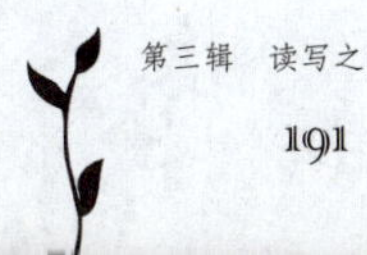

第一自然段，说盐汤面是陕西耀县的特产，先介绍它的做法："以盐为重，用十几种大料熬成调和汤，不下菜，不用醋，辣子放汪，再漂几片豆腐，吃起来特别有味。"再介绍面馆，不装修，门口只是支着面板和大锅，掌柜的不吆喝，吃客也不说话，一人端着一个大海碗，蹲在街面上吃，吃毕才说一句"滋润"。

需要仔细看的是，别看一个自然段，短，介绍的两项内容都是概述，却很生动。为什么生动？就是我们要仔细看的地方。看他介绍盐汤面时用了几个动词，菜前是"下"，醋前是"用"，辣子后是"放汪"，豆腐前是"漂"，无一重复，无一不是常见的俗字，却把各自的特点都写出来了。再看他写面馆的掌柜的、吃客各自的动作，一个不吆喝，一个不说话，吃完才说一句"滋润"，可以看出中国白描的特色和魅力。

第二自然段，"我"十多年前吃过盐汤面，当时我在县城北水库写作，朋友请吃饭，下来吃过一次，吃上了瘾，便常下来吃，一次吃两碗，吃出浑身的汗。有一次，"往返走回半坡，肚子又饥了，再去县城吃，一天里吃了两次"。从一次两碗，到一天两次，都是写盐汤面的不同寻常的好吃，前者是好吃的一般化，后者是好吃的加强版。

第三自然段，后来回到西安后，到大饭店吃饭，总是感觉没有吃好的，吃饭时也总不再出汗，便又想起了盐汤面。这是过渡，和前面汪曾祺先生的《咸菜茨菰汤》中那句过渡"我十九岁离乡，辗转漂流，三四十年没有吃到茨菰，但不想"，

无论写法，还是作用，都是一样的。从中我们可以学到一点方法，作这类的文章，过渡是怎么样的写法。只不过，贾氏过渡着重写的是对盐汤面的“想”，而汪氏则写的是对茨菰的“不想”。

第四自然段，今年夏天，“我”对一位有车的朋友说到耀县吃盐汤面，两个小时，开车到了耀县。当年的面馆还在，“依旧没有装修，门口支着案板和大锅”。想吃两碗，一碗却就饱了，但出了一头的汗。朋友笑“我”命贱，为吃一碗面，跑这么远的路，光过路费就花了五十元。“我”说：“有这种贱的吗？开着车跑了几小时花五十元过路费十几元油费就要吃一碗面啊！”在这里，朋友和“我”问话和反问式的对话，再次强调的是盐汤面的不同寻常。而再次强调到这里吃盐汤面才又出了汗，是为了和前一自然段在西安大饭店吃饭不出汗的对比，细微之处的照应，是这类短文尤其要注意的。

最后一个自然段，就一句话：“那面很便宜，一元钱一碗，现在涨价了，一碗是一元五角钱。”无限的感慨都表达出来了。什么样的感慨？时光？距离？思乡？或一种“棋罢不知人换世，酒阑无奈客思家”的喟叹？都可以供我们回味。

如果和汪氏《咸菜茨菰汤》的全文对比，一个写的是从不想到想的转折关系，一个写的是从想到更想的递进的关系。一样都能够作出好文章。

如果和汪氏《咸菜茨菰汤》的结尾对比，会发现同样一种结尾的做法，或者同样一种意思的表达，可以有不同方式的选择。汪氏选择的是质朴的抒情，贾氏选择的是实打实的写实。

再读阎连科的《父亲的树》，也不长，和孙犁先生写照片，汪氏写茨菰，贾氏写盐汤面一样，也是集中在一点做文章。阎连科集中在父亲的树上，只不过不是一棵树。我们从中可以学习文章的多样作法。

阎连科写了和父亲相关的两棵树——

第一棵是箭杨树，这是一棵分田时候地里长着的树。这棵箭杨树，分成了三层来写：一是开始见到它的样子，碗口粗，杨叶的掌声哗脆脆的响；二是后来很多人把地里的树都伐了，唯独父亲留下了这棵箭杨树，“孤零零的立着像一个单位广场的旗杆样”；三是三年之后，这棵树长成小盆一样粗，两丈多高的时候，乡村土地政策变化，各家土地要重新调整和更换，父亲的地易主，人家把这棵树伐掉了。

第二棵是弯柳树，是父亲死后在他的坟头上由幡枝长成的一棵并不成材的弯柳树。这棵弯柳树，分成了这样几层来写：一是写这棵树长出来给全家人带来的惊喜，因为乡间迷信认为坟头由幡枝长成的树，都意味着是父亲厚德做人的回报和延续；二是全家人每年上坟时为树剪枝，二十多年以后，长成一丈多高，腰身也直了，完全和当年那棵箭杨树一样成材了；三是由于近年来乡村木材加工业发展，收购木材的到处都是，父亲坟头这棵树也被人砍走卖掉了。

最后，作者沉郁地总结道：“时代与人心从田头伐起最终就砍到了坟头上。父亲终于在生前死后都没有了他的树，和

人心中没有了旗一样。”这是文章主题的点明，是树的悲剧意义的升华，这是文章最重要的一点，就像舞台上最后聚光灯打在亮相的主要演员身上的那一点一样，使得文章有了耀眼的光彩。

父亲的一生经历丰富，有很多事情可以写，但作者只抓住树这样集中的一点，这是这类短文特别要注意的，选好了这样的点，文章就好写了。集中在树上，就容易把笔墨都倾洒在树上，避免旁枝横倚，使得文章的焦点闪失。如汪氏和贾氏写一件事情也好，如阎连科写两棵树也好，总之要集中，越集中越好写。阎连科写了两棵树，其实也是围绕一个点来写的，两棵树有天然有机的联系，缺一不可。试想一下，如果不是写两棵树，而是一棵写树，另一件写别的事物，比如父亲的锄头或烟袋之类，肯定也是能够写出好多事情来的，但还会这样的集中而且是从田头到坟头这样悲剧沉重的感觉吗？

德国获得诺贝尔文学奖的作家君特·格拉斯，写过一篇《在隧道里》，也很短。他要写的是一位刚刚从国外归国的一个海归，渴望与人用母语交流的那种心情。如何来写？很容易拉拉杂杂写成一地鸡毛。格拉斯聪明就聪明在他删繁就简，只选择了一件小事，一下子便有了集中的焦点，让这种心情迸发出了火花。

这个焦点，格拉斯选择的是一列火车过一条隧道。海归和一位漂亮的女郎坐在车厢的对面，但女郎一直抱着一本书读，海归希望她能放下书来和自己聊上几句，但她始终抱着书没有抬眼看他。这时候，就要过隧道了，车厢里的灯就要暗下来，女郎总该放下书了吧，说话的机会就要到来了吧？

看，作者巧妙地将心情转化为了场景，即渴望交流说话的心情，变成了过隧道这一特定的场景来描写，一下子便容易写了。由于隧道距离有限，隧道过后，女郎可能接着捧书读起来，那么机会就失去了。于是，这个场景的特定意义便有了紧迫感，使得心情的渴望便也变得越发的紧迫，文章就容易写得摇曳生姿。

有意思的是，格拉斯处理这一段场景时，颇会抓住戏剧性的场面，让文章更加跌宕有趣。他写那位海归终于能够和女郎说话了，他费了好半天劲儿，才迸出这么一个短句：“小姐，请注意，我们一出隧道就能够见到灿烂的阳光。”可是，出了隧道，外面却正飘洒着细雨。之所以能写得这样有趣，前提是过隧道这样集中的一点，为他提供了这种方便和可能性。

我们可以发现，集中一点，不仅好写，而且使得心情也丰富了起来，它也使得文章精练短小了。

同时，我们还可以发现，这样文章的短，不仅只是对文字精练准确的要求，更重要的是考验一个作者对材料把握的能力。而对于材料去芜取精的筛选和提炼，则是作者的构思能力在引领这一切。而这恰恰是最关键的。也就是说，把文章写短，对构思能力的要求更重要。

再举同样获得过诺贝尔文学奖的瑞典作家斯特林堡的《半张纸》为例，也许更能说明文章之短对于构思至高要求的

意义。

这是一篇非常短的文章，他从“最后一辆搬运车离去了。一位戴着黑纱的年轻房客还在徘徊”写起，这时候他看到电话机旁的半张纸，所有的文章便都集中在这半张纸上展开。首先出现的是一个女人爱丽丝的名字和电话号码，银行、工作单位的、鲜花店和出租车行的电话号码，说明主人和这个叫爱丽丝的女人订婚了，且手头宽裕；然后，是家具行和室内装潢的电话号码，说明他就要结婚，在布置新房了；接下来，是歌剧院售票处的电话，修女和医生的电话，岳母来了，日子过得有滋有味；再以后，是佣工介绍所，是药房的电话——有病了，工作也没有了；是牛奶厂、杂货铺……一切家务事都需要电话办理了——女人生孩子了。下面无法辨认了，能辨认出的是最后关于下葬的事情，一大一小的棺材——女人和刚生下不久的婴儿都死去了。

小小的半张纸，写尽了一个人一生中重要的两年，这两年，恋爱结婚生养孩子，迎来的却是妻子孩子死去的悲惨结局。文章最后说：“他把这半张纸装进衣袋。”“在这两分钟里他重度过一生中的两年。”“他知道他已经尝到了一些生活所能赐给人的最大幸福。有很多人，可惜连这一点都没有得到过。”这是主人的，也是作者的人生感悟，让文章在悲欢离合的人生况味中有了升华。

文章虽短，却浓缩了人生中生死之间那么多的事情，靠什么才能把这么多的事情聚拢在一起，把文章写得这样精练却又这样丰富的呢？显然，是构思，半张纸，就是这篇文章的构思。斯特林堡把所有关于这个年轻人这两年来生活的内容，都化繁为简，让电话号码来做最简明扼要的说明和替代，半张纸当然就足够了。所有的内容，其实都在这半张纸之外延伸着，这半张纸却能够给予我们无尽的想象，成为我们走向真正人生的一座桥，这就是构思的作用。构思不仅可以让文章变得短小精悍，还可以让文章变得回味无穷，所谓杜甫诗中所说的那样：咫尺应须论万里。

我们可以重新再回过头看看前面所说的六篇短文，短，其实更多是体现在构思上。孙犁先生的照片，汪氏的茨菰，贾氏的盐汤面，阎氏的父亲的树，格拉斯的隧道，斯特林堡的半张纸，莫不都是一种属于他们自己的构思。我反复说的要把文章写在一个点上，这个聚焦的点，其实就是构思。

节制是一种性格

晚年的孙犁，主要写散文和杂文，很少写小说。20世纪80年代，写过一些，但和他在战争时期写的《白洋淀纪事》《村歌》，和他在解放初期写的《风云初记》《铁木前传》，大不相同。孙犁先生一直反对别人称他"白洋淀派"，"白洋淀派"也确实概括不了他。晚年孙犁写的小说，近乎古代笔记小说，繁华删尽，只留下嶙峋料峭的枝干在风中瑟瑟抖动。他不愿意让自己的小说当成一面旗子或开满一树的花去招摇。

孙犁先生写过一篇短篇小说，叫《亡人逸事》。写的是他已经去世的妻子，一共写了四段：

第一段是写妻子出嫁之前的那段日子。一天下雨，她家屋檐下来了个媒婆，跟她爸爸有一段对话。她爸爸问媒婆干吗去，媒婆说去村里说媒。她爸爸问说得怎么样啊，媒婆说门不当户不对，还没说成，女方条件差点。媒婆又说："您家的二姑娘怎么样啊？现在想不想找对象啊？"这个二姑娘就是孙犁先生后来的老伴。她爸爸说："怎么不愿意啊，你给说说媒去吧。”就这么个小细节，孙犁先生笔锋一转，一下子省略了其他过程，奔到了现在，他写道：就这样，经过媒人来回跑了几趟，亲事竟然说成了，结婚以后她开始跟我学认字，我们洞房里的喜联横批是“天作之合”。她点着头对我讲：“这还真不假，什么事都是天作之合。假如不是下雨，我就到不了你家。”

可以看出那种含蓄，那种文字老到，控制力的作用。在细的过程中有节制，哪些该细，哪些该点到为止，细到方寸上，写得干净利索，点到为止，恰到好处，没有任何多余的笔墨，这就叫做节制。干净和节制是联系在一起的。没有干净，谈不上节制，没有节制，干净是空洞的。从某种程度而言，节制是针对话痨而言的，是对流行的煽情的拨乱反正。注意语言的干净，做到鲁迅先生所说的将可有可无的字、段删掉，还比较容易，真正做到节制就难了，因为节制不仅仅是语言的事情，还关系到心情、心境，和对生活、人生的把握、态度和境界。

第二段写的是他俩第一次见面，就是结婚之前。第一次相见去看戏，戏台前放了一排凳子，已经坐了好几个姑娘了。他刚坐下去的时候，他旁边的一个姑娘“腾”地站起来，这就是他老伴，是村里的几个姑娘特意安排他们见面的。结婚之后，姑娘总是拿这件事开玩笑，她也总说那些姑娘会出坏主意。其实她的礼教观念很重，结婚好多年了，有一次“我”路过她家，想叫她跟“我”一起回家，她很严肃地说：“明天你叫辆车来接我吧。我不能就这么跟你走啊。”“我”就只好一个人

回去了。

这段写老伴是个在封建礼教下很老派的人，写她的性格和出身背景。看戏和车接，是写这样性格和背景的两个细节。一样，还是干净和有节制。

第三段写老伴因为在家是二姑娘，娇生惯养，没有干过什么活，到了他家之后呢，跟着她婆婆一起劳作，下地，磨炼出来了。孙犁先生年轻的时候又离开家很长时间，所以家里老少的吃喝涮洗，都是她跟着婆婆一起做的。也都是生活琐事，却囊括一生，从一个娇生惯养的姑娘，变成一个纯粹的农家妇女，支撑起一个家。依然是干净和节制，却把历史写了进来。

第四段是最关键的一段。写了他老伴去世后，他的老同事劝他，说："你应该写写你老伴，你老伴跟你不容易，你所有的事情都是你老伴帮你的，现在你的年岁已高，如果再不写写你老伴，你要撒手而去的时候，你会后悔的。"他就听从了这个同事的劝告，写了他老伴的这些旧事。这一节语言发生了变化，用的是文白参半的方式，和前后直接写老伴的语言不同，作者叙述的角度连带变化，文本之间就有了一种间离的效果。

最后他是这样写的：我们结婚四十年，我有许多事情对不起她，可以说她没有一件事情对不起我的。在夫妻的情分上，我做得很差。正因为如此，她对我们之间的恩爱，记忆很深。我在北平当小职员时，曾经买过两丈花布，直接寄到她家。临终之前她还向我提起了这件小事，问我："你那时为什么把花布寄到我娘家去呢？"我说："为的是你做衣服方便啊。"她闭上了眼睛，久病的脸上展现了一丝幸福的笑容。小说就到这里戛然而止。

我们可以看出孙犁先生惜墨如金，写得真的是非常有节制。实际上这小说最关键的地方就在这最后的两丈花布上。他没有把两丈花布用在前面，或者中间，而是刹在了结尾，是经过精心构制的。

为什么这样精心构制呢？就是因为孙犁先生知道节制的重要，知道好钢要用在刀刃上。如果说孙犁先生像惯常的那样描写，老伴去世了，我很伤心，很怀念她，这就显得很一般，因为很多人都会这么写。全篇文字，孙犁先生没有一句思念的话，但他把对老伴的思念，都在这有节制的文字里面抒写了出来。

孙犁先生在总结自己创作的时候，说过这样一段话：创作规律有二：一曰感发。就是心有所郁结，无可告语，遇到景物，触而发之。二曰含蓄。什么叫含蓄呢？不能一语道破，一揭到底，否则就会表露无遗。随便读者领会，能畅作者之言，但一览之后没有回味的余地，这在任何艺术都不是善法。

节制，和艺术的含蓄连在一起。这是文字的性格，也是作者自己的性格。

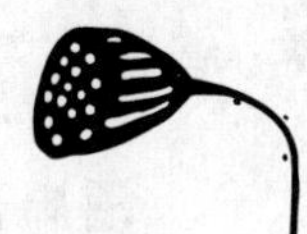

观察的乐趣

学生在最初写作的时候，往往会比较重视词语。好的词语是必要的，但那只能是作文中必要的点缀，它永远不是第一位的。第一位是对于生活的观察，从中找到观察的方法，是写好作文的前提。因此，一个孩子从小培养观察生活的乐趣和能力，是一生的营养。

学习观察，方法有二，一是凭自己的能力，用自己的眼睛，从点滴入手，从自己周围开始，锻炼观察生活的本事。二是借助别人，学习别人，看人家是如何从生活中观察到有趣的东西，并把它再现在纸面上的。第二种方法在学生最初学习观察的时候，尤为重要。这种方法最好的老师，就是书本。所以，我不大赞成在孩子最初阅读的时候，让孩子只是摘抄书中好的词句，或者只是学会分析中心思想和段落大意。我以为这些都不是主要的，主要和重要的，是让孩子看人家是如何观察生活的，并能够在观察中获得乐趣。

我以《普罗旺斯的集市和汤》（作者刘君梅，载《三联生

活周刊》2009年第23期）一文，来说明这个问题。

这是一篇写集市的文章。写集市，最重要的是观察，你在集市中看到了什么有意思的东西，有情趣的东西，或者有特色的东西，才会把它们写进你的文章中。如果你什么也没有看到，或者看到的只是别人也看到的大路货色的东西，当然，你的文章也就会写得很一般。我们常见的学生写集市的文章，大多愿意写集市的货物琳琅满目，人来人往摩肩接踵，然后升华为改革开放之后生活与时代的飞速发展。我们特别愿意用这样现成的成语来描写集市的盛况，于是，这样的词语，可以用在任何一个集市里，也就是说，很难写出你所看到的集市的特点而沦为一般化。

学习这篇文章，我们要从两方面入手，既要看人家是怎么样观察的，又看人家是怎么样把观察到的东西写出来的。

这是一篇写法国普罗旺斯地区一个叫阿尔的小城里传统的周末集市。由于阿尔是座古罗马时代就建立起来的古城，这样的集市，历史悠久，乡村风味很浓，很像我们国家农村里的赶集，热闹非常。看它的描写，对我们描写我们的集市，会很有启发。

集市设在阿尔的城中心，摊铺鳞次栉比，排列四排，一直延续3公里，要想逛遍整个集市，需要来回走上12公里。水果蔬菜副食品，古物旧货工艺品，摊铺卖什么的都有，也就是我们常说的“琳琅满目”。作者删繁就简，只选择了其中调味品摊、奶酪摊、橄榄摊，蜂蜜摊和西红柿摊。

看看她是怎么来观察的，又是怎么来写的。

中年姐妹的调味品摊，有“超过20种色彩艳丽的香料、调味料和用于烹饪的多种干花”。如果我们仅仅这样的描写，可以说只做到了机械的观察，也就是说只用了眼睛，没有用心，没有将观察到的东西融入你观察时的感觉和感情，这样的观察，便容易看到什么写什么，最后罗列出一笔豆腐账，写得干巴无味。

作者没有满足于这样的观察，她在下面接着写了她看到这些东西的时候留给自己的第一印象：这些东西“在阳光下整齐铺陈，像庆典时引领盛装游行队伍的华美花车”。显然，这样的印象，并不仅仅来自修辞方法的比喻，更来自她直接的感受，只不过她把这种感受用比喻的方法表达了出来。而这种比喻，并非来自空想或现成的书本，而是来自平常生活的印象。

接着，她由色彩写到了这些调味品的香味：“因为卖的芳香料，整个摊子有一股妖冶的气息。”其中“妖冶”一词，是借用写人的方法来写物，这种通感的方法，在这里极好地帮助了作者，把这种特殊的气息写得简练而传神。

然后，她又从这20种调料中挑选出了一种叫做肉豆蔻的干花来写。之所以选择了它，是因为：一是它第一次被作者看见。二是它有特点。作者这样写这个肉豆蔻的：“猩红色，已经半干，细长花瓣向不同方向恣意伸展，像风中狂野的微卷红发。”还是用了最常见的比喻的方法，将人的头发和花瓣做了联想式的链接。

从调味品摊整个的感觉，到味道，再到一个范例肉豆蔻，被作者写得有点有面，有香有色，最后还有一个大大的特写。如果我们从写作方法来讲，作者不过用了普通又普通的比喻而已。但是，在这样比喻的后面，可以看到的是作者的观察力，和观察之中对生活的联想力和想象力。观察力—联想力—想象力，三位一体，才会很好地观察，并把观察到的东西呈现出来。

奶酪摊的描写，作者另辟蹊径，没有如调味品摊那样描写奶酪摊整体而具体的观感，而是先把笔伸到集市之外，先写了法国人对奶酪的态度，即不专情，说“整个国家有365种奶酪，那意思是说你可以天天换花样吃，一年不重样”。然后，作者才写到普罗旺斯人的与众不同，他们一年到头只会专注地吃一种奶酪。但作者不是这样直白地说出来，而是用另一种幽默又不无自豪的方法说出来：“他们不会到处贴‘普罗旺斯特色’的标签。真正有特色的东西别说明天，就是一千零一夜也不会被替换掉。”

在这里，“一千零一夜”这部阿拉伯神话，被巧妙地借用于普罗旺斯人对奶酪的情有独钟，她不说“就是再长的时间”，而是说“一千零一夜”，显示了她的聪明。因为再长或漫长，都是一般常见的词语，用“一千零一夜”来替代现成的再长或漫长，就显得新鲜。这种聪明，不仅表现在观察之中，更表现在观察时候即时的联想。而这种联想的随叫随到，在于作者阅读的广泛和深入。

卖橄榄的摊位，作者先说其大，说它是集市的大手笔，因为它占了五六米长的位置。再说其好，只有它不出摊，其他摊位才有好生意做。又是别样的写法，即先声夺人，衬托出它的不同凡响。然后，才写它的各种各样的橄榄，因橄榄和各种调料有不同方式的排列组合，简直让人眼花缭乱，挑花了眼。于是，作者便把笔从看橄榄移至挑橄榄上面，也就是说，如果写看橄榄，可能不大好写，极易写成“琳琅满目”之类的俗套；而写挑橄榄，则容易别开生面，有了动感，写出一点与众不同的属于自己“挑”的特点。

作者写了她挑橄榄的三部曲：“我个人的方法是‘看’——红绿黄椒和大蒜瓣，或小洋葱被汁液浸泡得水灵灵，簇拥着体态匀称的黄绿橄榄，它们的组合应该错不了。”“第二个办法还是‘看’——看当地的回头客都买什么，这不一定能保证合你的口味，但能帮你了解当地人。”“最后一招还是‘看’，看那些名字，比如我就被一个浪漫神秘的名字‘点了穴’——卡萨布兰卡。事后证明，里面添加的北非香料不合我的口味，不过这个名字还不值得‘冒险’尝试一下吗？”

看，作者在重复三次的“看”中，写得多么趣味横生。有意字面上的重复，却写出了三次“看”中挑选的意味的不同。看样子，看别人，看名字，都表示出了作者观察的仔细。如果在买橄榄的过程中，作者没有做到这样细致入微的观察，三种不同的“看”就不会被作者巧妙地提炼出来。

蜂蜜摊，作者又转换一种方法，观察和描写的对象，从摊位转换为摊主。这一回，作者侧重写的是卖蜂蜜的人："当我走到卖蜂蜜的摊子时，它身后不远处的旋转木马传来孩子们的欢笑声。摊主是个看上去很像艺术家的男人，经常在阳光下工作和行走的那种，同样的阳光把他摊子上的蜂蜜照射得晶莹剔透。"

在这里，蜂蜜摊有了一个很像艺术家的摊主、旋转木马上孩子的欢笑声和阳光，这样三重的映衬，才会让蜂蜜显得晶莹剔透，如此的生意盎然。也就是说，这里的蜂蜜，因有艺术、孩子和阳光这样元素的融入，显得味道和色彩那样的别致。可以设想，如果作者还是专注的要把笔用来集中地描写蜂蜜，即使能写出不同蜂蜜不同蜂蜜罐子的种种不同，也会很一般化，会显得有些不可为之而为之，吃力得多，而且也容易和前面所描写的摊位雷同。

写法的转换，就像我们经常改变食谱和衣着一样，有时是必要的。改变食谱和衣着，是为了好吃，好看；改变一下惯用的写法，一样的道理，也是为了文章的新颖和好看。

西红柿摊，被作者写得最为干净利落："西红柿摊主，一位上了年纪的夫人捧起连秧带果带叶的一小串说：'这是一家子呢！'表情天真快乐，像乐于和同伴分享新发现的孩童。"这一次，作者在观察时不仅有了新发现，而且又用了新的方法，即用人物的语言来描写这个摊子。老夫人风趣的话，代替了惯常用的场面的描写，一样把西红柿这个摊位写得如此生动

而简洁。

最后，作者在做总结的时候，超越集市的具象描写，而富于概括力，一下子使得文章有了新的上升，尤显作者的功力。她说："在这里，眼睛对于色彩更加敏感，因为光线和清澈的空气让所有的色彩都变得更加饱和，这使我注意到以普罗旺斯命名的美食，与这里的自然地貌之间存在一种奇妙的联系。"于是，她发现这里的玫瑰大蒜、玫瑰胡椒，对应的是普罗旺斯地区的晚霞，和嘎玛湿地的火烈鸟，而火烈鸟在当地就被称为"玫瑰"。她发现这里盛产的蓝莓，对应的是普罗旺斯内陆的蓝色玫瑰，和罗讷河和无数内海都归入的蓝色的地中海。她还发现集市上浓艳的黄姜粉、柠檬和橙色的柑橘，对应的是画家凡·高反复描绘过的向日葵和普罗旺斯那鲜黄色的土地。而凡·高临死前那些年，正是生活在阿尔这座古城里。

我们可以看到，文章最后的升华，使得普罗旺斯一个小小的集市，富有了历史和文化的新的意义，而不仅仅止于就事论事，只是一篇描写集市的记叙文。这不仅得益于作者的观察，更得益于作者在一次普通的逛集市的过程中，还有自己独特的发现。如果说观察，我们可以有具体的方法可学，可以依样画葫芦；在寻常事物中发现一些规律性的东西，独具特色的东西，则需要我们平常读书的学习和积累，还有思考。

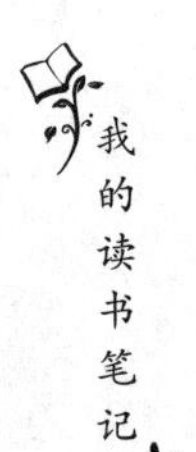

联想之妙

可以说，任何写作，都离不开联想。联想，是想象和虚构的基础。联想，如同绘画练习里的素描，是基本功。

我读过一篇短文，题目叫做《丢一丢手帕》，写的是以前手帕是我们必不可少的生活必备品，而现在人们已经用纸巾来替代它了，每年人均8.5公斤的生活用纸的消耗量，让作者有感而发。这则短文，通篇运用联想，用得淋漓尽致，又恰到好处。我们来看看作者是如何运用联想这一常用的写作方法的。

先从画家凡·高割掉自己的耳朵用手帕包裹着送给一位女子、林黛玉临终所焚烧的诗稿是写在手帕上的、帕瓦罗蒂每次登台演唱必要手持一条白手帕，这样三种联想开始，作为先声夺人的引子。然后，他联想我们非常熟悉的儿歌《丢手绢》："丢手绢，丢手绢，轻轻地丢在小朋友的后面……"再联想男同学和女同学上学时候带的手绢不一样，包着烧饼的和绾起马尾辫的手帕不一样，再联想起几年前俄国库尔斯克号潜水艇失事后，潜水艇的官兵和家属久久不愿意撤下挂在白桦树上那象

征着思念的黄手帕，联想起美国民谣中久唱不衰的那挂在橡树上的黄手帕，高仓健主演的日本电影《幸福的黄色手帕》和新近上演的韩剧《黄丝带》……

看，关于手帕一连串叠叠瀑布而下的联想，让人目不暇接，无疑增加了文章的韵味，体现着作者扎实的写作基本功。这样的基本功，来自平常的积累。这积累不仅靠平时对事物的观察和由表及里、由此及彼的思索，还需要对各方面知识的学习，方才能够触类旁通，让联想在写作中运用得丰富而得心应手。

联想的本事，就在于你有没有由此及彼、由表及里的能力。如何锻炼这种能力呢？千万不要以为，联想就是坐在那里，瘦驴拉硬屎一样，憋足了劲儿生想。联想，其实也是需要基础的，那基础，我以为，最重要的是要注意在平常时候对事物的观察，细心地找到不挨不靠的事物之间相同的地方，这些地方，往往便是联想的桥梁。所谓这山望着那山高，吃在锅里的看到锅外的，这些都属于联想。如果站在这山上，你只看到了这山上的东西，看不到那山上的东西，或者只会闷头饱吃着这锅里的东西，而想不到其他锅里的东西，联想，便无法生成。

孙犁先生写过一篇散文《蚕桑之事》，写的是对故乡的桑树和自己童年时候养蚕往事的怀念。通篇都是往事的追忆，最后一段，孙犁先生一下子从过去蹦到了现在，拉开了时空的距离，他这样写道："我养的花木中，有一棵扶桑。现在这种花，在天津已经不大时兴了。它的叶子、枝干，很像桑树。桑树皮的颜色，与蚕的颜色，一般无二，使人深深感到，造物的奇巧，自然的组合，有难言之妙。”

扶桑和桑树本来不是一回事，但是，孙犁先生却把它们紧密地联系在一起，而且还把扶桑和蚕这样一种植物、一种动物更不同的东西联系在一起，说“桑树皮的颜色，与蚕的颜色，一般无二”。为什么他要这样说？其实，这样说，说的是孙犁先生触景生情，对故乡蚕桑的怀念，只不过，他没有说得那样直白，而显得那样的含蓄而深情。这样说，便是联想。如果孙犁先生看到自己家里养的扶桑，看到的只是扶桑，而没有由此及彼，更没有由扶桑想到桑树，想到“桑树皮的颜色，与蚕的颜色，一般无二”，联想，还能够自然地形成吗？

赵丽宏写过一篇散文叫做《咬人草》。这是一种奇怪的草，能如毒蜂一样蜇人。他好奇地摘了一根，描写了它的样子：“叶瓣上有一些细小透明的刺”，把它夹在笔记本里的时候，“叶瓣似乎有些桀骜不驯，硬硬的，不肯平伏，那些尖尖的小刺竟戳穿了两页纸”。他没有满足于这样的写实，紧接着这样写：“我想，这种小草的会咬人，也许如同河豚的有毒，如同海胆的有刺，如同贝类的有壳……”这里的河豚、海胆和贝类，就是联想，这些联想物，让这种咬人草更生动形象，使读者也有了更深的印象。

在《生命的旗帜》里，赵丽宏描写了他在新疆大戈壁见到突然出现的一棵小树，因有戈壁荒凉的衬托，这小树的绿色

所昂扬的不屈生命力让人惊奇、欣喜和赞叹。但是，他不仅仅是看和感慨，而是进一步地想："是谁在茫无际涯的荒芜中播撒下这生命的种子呢？"由此，接下来他写下了一串丰富的联想："也许是一个濒临死亡的跋涉者，绝望地翻遍了空空的行囊，无意之中抖落了这颗种子……也许是一匹在这里停留的骆驼，当呼啸的漠风吹动它厚实的绒毛时，有颗种子从空中飘落下来……也许是一只坚忍的鹰，从遥远的绿洲衔来了这颗种子……也许是一阵神奇的风，把这种子从远方吹到这里……"

接着，他继续展开他的联想："只要是孕育生命的种子，它们一定能够在广漠的世界中找到属于自己的土地，哪怕环境再严酷，土壤再贫瘠，它们也会顽强地展开自己的生命之旗。有这样的旗帜在，这世界便不会蔓延绝望，不会被死神统治，我的眼前，仿佛出现了无数这样的生命之旗——黑暗洞穴中的地下森林、冰峰绝顶上的雪莲、黄山石缝里的青松……"

这还没有算完，他继续他的联想："我还想起了故乡崇明岛上的一种植物——盐碱滩上的盐碱草。盐碱滩上，没有什么植物可以在那里生活，一摊摊白森森的碱霜，仿佛是一张张死刑宣判书，威胁着任何想在那里落脚的种子。盐碱草却偏偏从碱霜中钻出来，向四面八方伸展出绿色的小手臂……"

由于是故乡的景物，他格外写得仔细。我们可以看出，无论地下森林、冰峰雪莲、黄山青松，还是故乡的盐碱草，都是为了和戈壁滩上见到的这株神奇的小树做一番比附。由于有这些联想物的映衬，戈壁滩上的这株小树，才会格外突出，特写一般定格在我们的面前。其实，这是无形中放大了这株小树，让这株小树有了比在戈壁滩上更具神奇的生命力，这就是文学所塑造出来的形象，是联想的功劳，让这株小树神奇无比。

韩少功在他的《山南水北》一书中，写过他养的一只公鸡："一只公鸡冠头大了，脸庞红了，尾巴翘了，骨架五大三粗，全身羽毛五彩缤纷，呈油光水亮，尤其是尾上那几条高高扬起的长羽，使得它活脱脱戏台上的当红武生一个，华冠彩袍，金翎玉带，若操上一杆丈八蛇矛或方天画戟，唱出一段《定风波》《长坂坡》什么的，一定不会使人惊讶。"如果只写到这只公鸡的羽毛和尾上的长羽，写得再怎样漂亮，也只是描写，但是，后面说它是"活脱脱戏台上的当红武生"，就是联想了。联想，让这只公鸡一下子活脱脱成为人一样威武起来。而且，进一步联想，这个武生华冠彩袍，金翎玉带，还能够"操上一杆丈八蛇矛或方天画戟，唱出一段《定风波》《长坂坡》"，便更加有声有色，有了唱戏里悠长的韵味。可以看出，如果没有这样的联想，这一段文字就不会这样的精彩。联想，让这只公鸡熠熠生辉。

韩少功对于乡间菜蔬的描写，更是充满了想象，而且，这种想象都是从现实生活出发的，并非凭空瞎想，但触及人心，极其丰沛。他看见丝瓜挂在电线杆上的情景，有这样的一段描写："有时候，瓜藤长袖飞扬，羽化登仙，一眨眼就缘着一根电线杆攀向高高蓝天，在太阳和月亮那里开花结果，让你搬来椅子再加上梯子，仍然望天兴叹，你看见一条弯弯的丝瓜挂在

电线上，像电信局悬下来一个野外的话筒，好像刚才有什么人在这里通话。这么多话筒从瓜藤上悬下来，从土地里抛撒出来，是不是一心想告知我们远古的秘密，却从来无人接听？”

在这里，丝瓜“像电信局悬下来一个野外的话筒”，是一个比喻，也许算不上是联想。但是，“这么多话筒从瓜藤上悬下来，从土地里抛撒出来，是不是一心想告知我们远古的秘密，却从来无人接听？”就是联想了，而且是联想到了远古的时代，联想到那时与此时距离的隔膜，以及人与菜蔬的隔膜。

联想并没有到此为止，他接着升发着这样的联想，用这样的联想表达并诉说这些土地里生长出来的菜蔬和城里的人们之间的关系：“它们是有表情的，有语言的，是你生活的一部分，最后来到餐桌上，进入你的口腔，成为你身体的一部分。这几乎不是吃饭，而是游子归家，是你与你自己久别后的团聚，也是你与土地交流的一次结束。你会突然想起以前在都市菜市场里买来的那些瓜菜，干净、整齐、呆板而却陌生，就像兑换它们的钞票那样的陌生。它们也是瓜菜，但它们对于享用者来说是一些没有过程的结果，就像没有爱情的婚姻，没有学习的毕业，于是，能塞饱你的肚子，却不能进入你的大脑，无法填住你心中的空空荡荡。”

看，他说人们吃进了这样的菜蔬，先是游子归家，后是你与你自己久别后的团聚，最后又是你与土地交流的一次结束。三层意思，其实是一种意思，只不过层层递进，步步加深，表达菜蔬和人之间的关系，并不是物与人简单的食用的实用主义，而是亲密的，是属于情感和伦理的。这样的联想，无形中帮助了作者，深入了自己的表达。

只是这样的联想还没有尽兴，他由此及彼，从自己又联想到了都市里那些根本没有见到过乡间土地里真正生长的蔬菜的孩子，写出下一代和菜蔬的隔膜："难怪都市里的许多孩子，都不识瓜菜了，鸡蛋似乎是冰箱生出来的，白菜似乎是超级市场里长出来的。看见松树他们会说是'圣诞树'，看见鸭子他们就说是'唐老鸭'。在一个工业化和商业化的时代，人们越来越远于土地，这真是让人遗憾。"

可以看出，韩少功写丝瓜，又不仅仅是为了写丝瓜，而是由此表达他对于这些人们越来越与之隔膜越来越失去情感的菜蔬，对于我们今天生活的价值和意义。而为了这样表达的力度和新颖，联想起到了非凡的作用。这样，由挂在电线杆上的丝瓜，到电信局的话筒，到远古时代的秘密，到自己和菜蔬的关系，再到都市里的孩子，一个丝瓜，几个联想的大跳，让文章跃入了一个新的土地，一下子文思开阔。

周涛在他的名篇《巩乃斯的马》中写马，也并非仅仅是马的素描，他在以浓烈的感情描写了巩乃斯的马之后，运用了一连串的联想，表达了对于马由衷的礼赞。

他先是联想到托尔斯泰。他说："屠格涅夫又一次在他的庄园里说托尔斯泰'大概您在什么时候当过马'，因为托尔斯泰不仅爱马，写马，并且坚信'这匹马能思考并且是有感情的'。它们常常和历史上的那些伟大的人物、民族的英雄一起

被铸成铜像屹立在最醒目的地方。”

然后，他又联想到肖洛霍夫的《静静的顿河》马的史诗；接着又联想到成吉思汗的铁骑，联想到秦始皇的兵马俑，铜马车、唐太宗的六骏、马踏飞燕、大宛汗血马、关云长的赤兔马、朱德将军的战马……真可谓是一泻千里，将联想这一修辞方法运用到了淋漓尽致的地步，非常的华瞻，像是相声里的贯口一样，一气呵成，表达了周涛对于巩乃斯马无与伦比的感情。

他还不解气，上下贯通之后，又左右横扫，联想到马的同类：牛、毛驴和骆驼。他说：牛从拉车变为食用，毛驴和骆驼成为动物园里的展品，把它们统统的放在实用的下风头，以此对比说：“而马，车辆只是在实用意义上取代了它，解放了它，它从实用物进化为一种艺术品的时候恰恰开始了。”最后，他总结道：“我们有多少关于马的故事啊，我们是一个十分爱马的民族啊。至今，如同我们的一切美好传统都像黄河之水似的遗传下来那样，我们历代名马的筋骨、血脉、气韵、精神也都遗传下来了。那种‘龙马精神’，就在巩乃斯马身上。”在这里，由巩乃斯马升华的“龙马精神”，那样的水到渠成，那样丰沛有力。之前所有那些华瞻奔放的联想，到了这里，有了集中的爆发点，如同老北京过年放烟花的那种花盒子，点燃了一层又一层的花盒，最上面那层烟花，是最色彩缤纷、最富丽堂皇的，让人炫目，让人叹为观止。

还是周涛，在《伊犁秋天的札记》里写他一次秋天的散

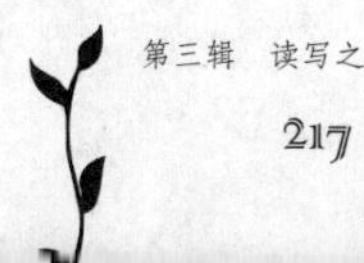

步，由此产生了丰富的联想。他首先把城市联想为住宅，把自然联想为庭院，散步便无限开阔了起来。然后，他把从乌鲁木齐通往博乐的那三十公里的岔路，联想通往庭院的一条幽径；把下一站昌吉联想为走出庭院下的一个台阶；把石河子联想为一套主道；把果子沟联想为庭院里植被良好的一座小山丘；把赛里木湖联想为一方小池水；把一路的牛羊等动物，联想为散步时遇到的蚂蚁和小昆虫……这样的散步，可以走到西部的伊犁。这样丰富的联想，完全是诗人式的联想，夸张，狂放，却不同凡响，让人眼前一亮。好的联想，不仅能够使文章曲径通幽，而且能够文思如大海奔流，超出了书写内容本身，而抵达到一个崭新的境界。

紧接着，他的笔轻巧而轻松地一扫，又联想起了乌龟和兔子赛跑的古老寓言，由此说道："乌龟和兔子赛跑本身就是可笑，你不跟它赛不就完了吗？"然后，他总结道："最好还是散步。"充满幽默，让乌龟和兔子的赛跑映衬散步的得天独厚。

他依然让他的联想如扬鞭快马驰骋如飞，从大自然和寓言的道上，拐到了历史，拐到了文学，拐到国外的另一条道上。他首先联想到苏东坡："'且听穿林打叶声，何妨吟啸且徐行，竹杖芒鞋轻胜马。谁怕？一蓑烟雨任平生。'这是苏东坡的散步，放达潇洒的失意者，外表的泰然掩不住内心的慷慨激烈……即使散步，他也势如奔马之惊风。"然后，他又联想到卢梭，联想到卢梭的《一个孤独的散步者的遐想》。在苏东坡

和卢梭的比较之后，他总结道：“看来，不论东方的还是西方的散步者，都不像竞走，都同样是一副随意而松弛的步态。”他又富有哲理地说道：“在身体放松的时候，思想才有可能四通八达，飞驰狂奔；相反，身体高度紧张如短跑时，思想便集中成一个简单的念头。”

一次简单的散步，之所以能够写成一篇洋洋洒洒的文章，关键在于联想。联想，才让他文思泉涌，让他左右逢源，让他气脉贯通，让他信笔拈来，剜进篮子里的都是菜，都成为他文章的构件，乃至生命的细胞，情思飞翔的翅膀。

刘成章的《安塞腰鼓》：“一捶起来就发狠了，忘情了，没命了！百十个斜背响声的后生，如百十块被强震不断激起的石头，狂舞在你的面前。骤雨一样，是急促的鼓点；旋风一样，是飞扬的流苏；乱蛙一样，是蹦跳的脚步；火花一样，是闪射的瞳仁；逗虎一样，是强健的风姿，黄土高原上，爆出一场多么壮阔、多么豪放、多么火烈的舞蹈哇，安塞腰鼓！”

激起的石头，骤雨一样的鼓点，旋风一样的流苏，乱蛙一样的脚步，火花一样的瞳仁，逗虎一样的风姿……一连串排比，一连串比喻，表面上用的是这样两种修辞方法，实际上都是由联想而成，方可能迸发而出。之所以作者选择的是这样一连串的联想，没有只用一个联想，为的是要写出安塞腰鼓的气势。这一点，和周涛写巩乃斯马用的是一种方法。我们可以称之为爆竹式的联想，只要响一个爆竹，便会随之劈劈啪啪有一连串的爆竹爆响。

作者下面继续使用这种串串爆竹式的联想，来写安塞腰鼓那不同凡响的气势："这腰鼓，使冰冷的空气，立即变得暴热了，使恬静的阳光立即变得飞溅了，使困倦的世界立即变得亢奋了。使人想起：落日照大旗，马鸣风萧萧！使人想起：千里的雷声万里的闪！"只不过，在这里，除了运用了和上面借助比喻和排比一样的方法，又变换了新的手法："落日照大旗，马鸣风萧萧"，用的是古诗；"千里的雷声万里的闪"，用的是信天游。一样的贴切，却因方法的变换，使得语言多了色彩，避免了重复。

然后，作者接着驰骋着他一发而不可收的联想："百十个腰鼓发出的沉重响声，碰撞在四野长着酸枣树的山崖上，山崖蓦然成牛皮鼓面了，只听见隆隆，隆隆，隆隆。百十个腰鼓发出的沉重响声，碰撞在遗落了一切冗杂的观众的心上，观众的心也蓦然成牛皮鼓面了，也是隆隆，隆隆，隆隆。黄土高原呀，你生养了这些元气淋漓的后生；也只有你，才能承受如此惊心动魄的搏击！多水的江南，是易碎的玻璃，打不得这样的腰鼓。"

只是，联想又有了新的变化。前面所有的联想，都是由腰鼓联想到别的东西，这里前半部分，则是翻了过来，由别的东西联想成了腰鼓，鼓声的迸发溅落，山崖和观众的心都成了安塞腰鼓的鼓面。而后半部分，则是一下子拉过江南，和安塞腰鼓作了强烈的对比，"多水的江南，是易碎的玻璃，打不得这样的腰鼓"，联想得真是丰富，写得情感如此丰沛，让安塞腰鼓的形象那样的丰厚，感人至深。我们也可以学习到，即使运用这样爆竹式的一连串联想，也要注意变化，而变化的方法是那样的丰富多彩。

董桥的名篇《中年是下午茶》，对于中年的联想，一直为人津津乐道，他的那一连串联想，确实与众不同。其中和上述周涛的《巩乃斯的马》和刘成章的《安塞腰鼓》不同，在于他没有过多地使用激情，而是平心静气，如同和你一边品茶一边聊天："中年是杂念越想越长，文章越写越短的年龄。可是纳博科夫在巴黎等着去美国的期间，每天彻夜躲在洗澡房里写书，不敢吵醒妻子和婴儿。陀思妥耶夫斯基怀念圣彼得堡半夜里还冒出白光的蓝天，说是这种天色叫人不容易也不需要上床，可以不断写稿。梭罗医生独居，写到笔下约翰·布朗快上吊的时候，竟夜夜失眠，枕头下压着纸笔，辗转反侧之余，随时在黑暗中写稿。托马斯·曼临终前在威尼斯天天破晓起床，洗冷水浴，在原稿前点上几支蜡烛，埋头写作两三个小时。亨利·詹姆斯日夜写稿，出名多产，跟名流墨客夜夜酬酢，半夜里回到家里，还可以坐下来给朋友写十六页长的信。他们都是超人，杂念既多，文章也长。"

我们可以看出，这里的联想，貌似聊天，其实是在抖书袋似的精心布置的结果。纳博科夫、陀思妥耶夫斯基、梭罗等一切名人的例子，都是平常积累所得。因此，我们可以说，联想并非只是天马行空，联想需要激情的鼓胀，也需要知识的沉淀。激情之风，可以帮助联想飞翔；知识之锚，可以帮助联想立稳而坚实。

再举个例子，蒋子龙新写了一则散文《年的颜色》。他首先说，年是红色的，为什么呢？因为“春联是红的，年画是红的，花灯是红的，蜡烛是红的，大年三十晚上吃的糖葫芦是红的，孩子的脸蛋是红的，新衣服也多是大红，‘利市’的封包自然就更是红色的”。你看，所有这一切过年时候见到的红色的东西，都是由此及彼的联想，联想的中心是红色，便把所有和红色相关的东西，都归拢在一起，便使得文章丰腴，摇曳多姿。

然后，他说年是黄色的，用的是同样的方法，把过年见到的有关黄色的东西归拢在一起：过年要喝酒，酒是黄色的，爆竹是黄色的，爆竹炸响之后的烟雾也是黄色的，财富和金子统统就更是黄色的了，“在中国传统习俗中，黄色代表吉祥尊贵”。

最后，他又说年应该是白色的，因为瑞雪兆丰年的雪是白色的，“过年下雪，就是中国人的‘圣诞老人’”。你看，所有这一切，无论是什么颜色的东西，都是和过年时候我们常见的东西相关的，只不过，由作者将它们集合在一起，由此及彼，由表及里，看起来就像聚拢在瓶中的花，就更加格外的明显而集中。

而由红色、黄色到白色，颜色本身联想的层层递进，显然是联想方法最好的运用。这种运用，则是由颜色的由此及彼，可以说是借由过年时候所见到的各种东西的由此及彼作为

跳板，跳到新的地方。再看那一句“过年下雪，就是中国人的‘圣诞老人’”，由我们中国一下子蹦到了外国，由皑皑的白雪，一下子和拉着雪橇的白胡子白眉毛的圣诞老人联系在一起，更是以雪作为跳板，将联想跳到一个新的地方，使得这则文章的联想运用得像是公园里的园中园一样，或俄罗斯的套娃一样，一个套一个，新奇而有趣。

同样的方法，英国作家伍尔芙在《读书的时光》里说，读书能够使人变得年轻，然后，她一下子用联想的法子，从读书跳到另外的一个地方，这个地方恰恰是年轻人爱去的地方。她这样说：“对他来说，读书主要是一种喜欢的户外运动的自然秉性，而非执意深居简出，潜心学问的愿望；他沿途跋涉，爬过一山又一山，直到登上清新宜人、令人陶醉的境地。”我们都知道，其实户外运动和读书是两回事，并没有直接的联系，让两者如此密切联系上的是联想。

接着，她从孩子偷读禁书又联想到“像是全家犹在沉睡之际，偷看了晨曦洒向田野的景象，像是从窗帷空隙窥见了奇怪朦胧的树影。尽管我们还不太明白那些究竟是什么，却从此终身不忘”。这一次的联想，借用的偷看晨曦和树影两块跳板，而这两块跳板正符合孩子的特点。在这一点上，和上面户外运动符合青年的特点是一样的。这样的联想便巧妙，又贴切，尤其值得注意。

然后，她从读书时候的体验和感觉，进一步联想到“我们仿佛天南地北，处处结识英雄。我们心中有一种神奇感，好像我们所体验的一切全是真实的，同时带着一种莫名其妙的傲慢心理，极力表明自己对世界出现的伟人都很熟悉”。看，她把年轻人读书时候的心理揣摩得多么真切，而帮助她抒写得这样真切的，正是联想这个推手。

可以想见，联想需要知识的积累，需要思想的积累，但对于初学写作者而言，从最简单处开始锻炼，便会像我们孩子玩的跳板游戏，玩得好，是能够不拘泥地跳到很多你意想不到的地方去，给你许多新奇的联想天地。而这恰恰是训练联想的好方法之一。就像孙犁先生说的，会让你“深深感到，造物的奇巧，自然的组合，有难言之妙”。

描写的魅力

一

好的文章，能够打动人之处，一般都不会在于平板的叙述，而在于描写。比如我们记住《水浒传》的人物也好情节也罢，都是因有那些诸如倒拔垂杨柳、风雪山神庙、野猪林、白虎堂、景阳冈等段落的精彩描写。一般而言，叙述只是为了文章的交代，而描写才是有粉搽在脸上的关键之处。因此，学习描写，对于写作至关重要。

看孙犁先生的《嘱咐》，可以作为我们学习描写的范本。他写了一个叫水生的军人，因为抗战，八年没有见到自己的妻子了。好不容易有了一次探家的机会，但只能在家里待上一夜，第二天一清早就要和部队会合，开拔到新的战场。我现在这里所说的，就是叙述，为了交代这个故事的背景。显然，这样的叙述不足以打动读者。能够打动读者的，是水生回到家里这一夜的情景，夫妻阔别八年之后的重逢，到底发生了什么样的事情，可以让我们感动呢？这就看出了描写的魅力。

孙犁先生先不着急，先让水生走了整整一个白天九十里的平原的路，黄昏的时候，好不容易走到了村口，走累了，歇息了一会儿。在这一会儿的时间里，让水生想了想：临走时妻子怀着孩子，现在孩子怎么样了？老父亲还在吗？家里的房子被鬼子烧了吗？这是一段心理描写，不仅切合了水生八年离家未归在这一刻的心思，更重要的是让水生这一次回家有了足以让我们关心的悬念。

下面，才让水生回到家。我们来看看，孙犁先生是怎么样描写这一对夫妻的阔别重逢的场面的。水生在院门外看到了妻子，妻子正在关外面的梢门，水生亲热地叫了一声："你！""女人一怔，睁开大眼睛，咧开嘴笑了笑，就转过身子去抽抽搭搭的哭了。"水生看见她脚上的白鞋。

看，这一段写得多么干练，又多么精彩。描写，不是不吝语言的大肆铺排，而是用干净的语言，将规定的情境中人物的语言行为和思绪，生动地表现出来。在这里，孙犁先生只让水生对妻子叫了一声"你！"无限的情意都尽在其中了。妻子也只是短短一句话的描写，一怔，睁开大眼睛，咧开嘴笑了笑，然后转过身子去抽抽搭搭的哭了，这样一连串的动作，连贯而层层递进，是电影镜头里的一个人物的特写，将一个阔别那么久的女人意外见到了自己丈夫的时候，那一瞬间的表情和心理，表现得那样真切而细致入微。最后，让水生看见了妻子脚

上的白鞋，一笔透露出父亲已经去世的信息，无需再多费笔墨了，可谓精练到了极点。

接下来，写水生进院。水生在前面走，妻子在后面跟。写得有意思，既写出丈夫进家门的急切心情，也写出妻子刚才的激动劲儿尚未过去，要好好地在后面看看丈夫，也表现出对丈夫的疼爱之情。更有意思的是，快到门口了，“女人紧走两步赶在前面，到屋里点灯，水生在院子里停了停。他听见女人忙乱的打火，灯光闪在窗户上了。女人喊：‘快进来吧，还做客呀？’”

一段进院子的描写，写得脚步细碎有声，如此微妙动人。女人先是跟在后面，忽然，紧走两步赶在前面，进屋去点灯，然后，又用颇有性格的话语招呼丈夫，三个连贯的动作，以动作写心情，完全是中国传统白描式的描写，却极有韵味，将一位和丈夫分别八年的女人的心情写得可触可摸。

进屋之后，孩子出场了。水生一眼看见了炕上睡着一个孩子，妻子便拖过孩子，两眼含着泪花笑着说：“来，这就是你爹，一天价看见人家有爹，自己没爹，这不现在回来了！”说着已经不成声。描写得真是精彩，开头是“含着泪花笑着说”，说着说着，“已经不成声”。不过是前后两个动作，写得真是准确，女人的心情，令人感到身临其境。

下面，写水生抱着孩子在地上来回走，妻子烧火做饭。这中间有一句景物描写：“水生靠在炕头上，外面起了风，风吹着院里那棵小槐树，月光射在窗纸上。水生觉得屋里很暖和。”这句景物描写很重要，它写出了家的温暖，特别是战争年代里对家的渴望，和难得一瞬的家的温馨感觉，对于只能在家里住一夜的水生而言，是多么的可贵。它不仅写出了水生此时此刻的心情，同时也加深了文章的紧迫感，因为第二天清早，水生就又要离开家，而且不知道什么时候再归来了。

接下来，水生和孩子以及妻子的对话，写得极其风趣，充满烟火气，又道出了妻子的心情。水生问孩子几岁了，女人在外面拉着风箱：“别告诉他，他不记得吗？”这才是描写，从生活中来，却又高度凝练，让人物的心情和形象一并在对话中托出。

对话，在这篇作品中起到了很大的作用。还有一处，水生吃饭的时候，想起了父亲，只扒拉了几口。妻子对他说：“怎么？是不是不如你那里的小米饭好吃？”将妻子的性格一笔勾勒出来。运用人物对话，不是为了交代情节，而是为描写性格和心情，是中国传统文字的魅力。

孩子睡着了，下面有一大段描写：“女人爬到孩子身边去，她一直望着孩子的脸。她好像从来没有见过这孩子，孩子好像从别人家借来，好像不是她生，不是她在那潮湿闷热的高粱地，在那残酷的扫荡里奔跑喘息，丢鞋甩袜抱养大的。她好像不曾在这孩子身上寄托了一切，并且在这孩子身上祝福了孩子的爹……”

这是一段闲笔，却闲笔不闲，它以否定的方式，以赌气的口吻，以发泄的心理，将一个女人和孩子和丈夫的感情，都写

了出来。同时，也写出了和丈夫分别这八年来她的辛苦遭遇和艰辛的努力。而且，作为过渡，很自然顺贴地过渡到水生告诉她只能在家一夜，为突然又要到来的分别作了铺垫，让即使赌气也温馨的家的气氛，和即将天各一方的痛楚和凄清，“女人呆了，她低下头去，无力的仄在炕上”的那种心情，作出了强烈的对比，将战争中的妇女多情缠绵柔弱的一面勾勒出来。这真的是一种别致的写法，一石多鸟。在这种描写中，我们可以明显地看出中国传统文学特别是戏曲里夫妻分别的那种描写方式。所谓悲欢离合一杯酒，南北东西万里程，都是一代代这样被演绎的，哀婉动人。

最后，水生和妻子分别那一段，写得充满画面感。大雾之中，妻子对孩子说：“看你爹没出息，当了八年八路军，还得叫我撑床子。”“她轻轻的跳上冰床子后尾，像一只雨后的蜻蜓爬上草叶。轻轻用竿子一点，冰床子前进了。”战争中女性刚强的一面，在这冰床子上展现了。读到这里，我们回过头再看前面那一段闲笔，才会更为这个女人感动。感动并不仅仅在于她的刚强，还在于她的情感和内心世界的复杂与丰富。

显然，是描写达到了这样的效果。

二

《阿拉比》是爱尔兰作家乔伊斯的一篇短篇小说。小说所写的故事，用一句话就可以概括：以第一人称的“我”出现的一个小男孩，爱上了他家对门曼根的姐姐的故事，曼根的姐姐周末的晚上很想去一个叫做阿拉比的市场，问他去不去。于是，他就去了阿拉比。就这么简单，要把这样简单的一句话，写成一篇小说，靠的不是跌宕的情节，而是描写的本事。

我们可以看出，去阿拉比只是小说的构思所在，小说要写的并不真的是阿拉比这个市场，而是写一个小男孩在青春期对比他大好多的异性一种朦朦胧胧的情感。那么，要紧的，显示作者功力的，便是如何将这个小男孩这种情感真切地描写出来。

分析乔伊斯的这篇小说，会帮助我们如何来写这样来无影去无踪的缥缈的情感。在乔伊斯的笔下，这种情感是如何变成了一幅幅可触可摸的画，变成了具体可感的一件件事情，他要做的，就是把这些事情和这些画面，吐丝作茧一般的向读者细致描述出来。

第一步，他写的是故事的前奏。先写的是，小男孩一直暗恋家对门的曼根的姐姐，但从来都没有说过话。小男孩想跟曼根的姐姐说话，又心存胆怯，觉得不知道该怎么说，如果要说了，怎么才能倾诉“我”迷惘的爱慕呢？每逢想到这里的时候，小男孩的“身子好似一架竖琴，她的音容笑貌宛如拨弄琴弦的纤指”。为了练习自己的表白，锻炼自己的勇气，小男孩甚至在雨夜里跑到教堂，走进教士死去的客厅，在寂静而阒无一人的空荡荡的客厅里，独自幻想着和曼根的姐姐说话的情景，激动得有些颤抖，甚至喃喃自语，一个劲儿地说着爱曼根

的姐姐之类的呓语。

这时候，第二步出现了，有一天，曼根的姐姐突然和小男孩说话了。她对他说：去不去阿拉比？渴望中曼根的姐姐的说话，和没有来由的阿拉比，一起出现在读者的面前，一起显得那么的突兀，令小男孩惊讶和激动。虽然曼根的姐姐说她这一周都得在修道院里做静修，无法去阿拉比，但她对阿拉比的渴望还是感染了小男孩，便对她说一定会去阿拉比，一定给她带回点儿什么来。阿拉比，便成为故事的一条重要线索，成为小男孩和曼根的姐姐关系发展的一条红线。能不能真的去阿拉比，便成为故事的一个象征。

也许，曼根的姐姐只是随便那么一说，小男孩却拿着棒槌当成针，把阿拉比当成热火罐一样抱在自己的怀里了。可以看出，小说真正是从这里开始的。但是，如果没有第一步的铺垫，第二步的阿拉比，便不会有这样出奇制胜的效果。我们便明白了，铺垫，有时候是描写的必要条件和手段，就像我们要想沏茶，必须先把水烧开一样。

第三步，是小说着重描写的部分。因为自从曼根的姐姐和小男孩说了要去阿拉比的话之后，“从此，有数不清的愚蠢的怪念头充塞在我白天的幻想和夜半的梦里”。一下子，搅乱了小男孩的心湖，吹皱了一池春水。

在这样的描写中，乔伊斯施展了他描写的本事，不紧不慢，由此及彼，像泼洒出的水，让水一点点地蔓延、渗透。我们来稍微仔细地分析一下，乔伊斯是怎么样把这水一点点蔓延、渗透进故事发展的脉络中和小男孩的心思里的，也就是说，乔伊斯是怎么样来一步步描写的——

1. 开始，他写了小男孩在学校里的表现，他的心里长了草，读书哪里还读得进去？课本里跳跃出来的也是曼根的姐姐的影子，阿拉比这个词的音节时时在耳畔隐隐回响。

2. 回到家，小男孩没来由地对养护他的姑妈说这个周末他要去阿拉比。姑妈大吃一惊，他从来没有提过要去阿拉比，突然要去阿拉比，干什么呢？去阿拉比，要坐火车的呀，疑心他会去做什么坏事。

3. 好不容易熬到周六了，早晨，小男孩对姑父说我今天晚上要去阿拉比。姑父正忙着找东西，根本没有把他认为是天大的去阿拉比的事情放在心上。

4. 晚上到来之前，姑父还没有回来，小男孩坐立不安，“嘀嗒嘀嗒的钟声叫得心烦意乱”。他开始“把前额贴在冰冷的玻璃窗前，望着她住的那栋昏暗的屋子”，幻想曼根的姐姐出现的情景。

5. 晚上，姑父回来了，但他早已经忘记了小男孩要去阿拉比的事情了。小男孩急忙向姑父要了钱，匆匆地奔向火车站，坐上火车，向阿拉比奔去。

这五步，就是描写，层层剥笋一般，将小男孩对阿拉比的渴望和幻想写得淋漓尽致。如果不这样写，只是写小男孩对曼根的姐姐如何思念和爱慕，该是多么的难写，即使写出来了，男孩如何因思念而茶不思饭不进，为伊消得人憔悴，也容易落

入俗套而显得一般化。因为，我们都知道，无论是思念还是爱慕，都是心理的活动，而且是抽象的，如同盲人摸象，无从下笔。但有了一个阿拉比，一切变得相对容易多了。阿拉比是具象的，是立在远方那里的，去那里，便成为小男孩所有感情实现的一种象征物，抽象的感情，便有了一个坚实的附着物，就像我们想过河，有了一座叫做阿拉比的小桥，而不是不顾一切，盲目地跳下河去。

然后，乔伊斯还不着急，还不让小男孩一下子就到了阿拉比。他让他坐在火车上，火车却迟迟不开，等得叫人恼火。好不容易开车了，中途又有大批乘客拥挤上车的耽搁。总之，就是不让你一下子就能够到达阿拉比，吊足了你的胃口。在前方一直没有出现的阿拉比，令小男孩心焦，也令小男孩心荡神驰。我们可以看出，这就是描写，描写起了作用，才会让人心焦，让人神往，让人身临其境。我们可以这样认为，描写就是这样，不是为了让你一口就咬到了包子里的馅，而是让你在不停地等候，从剁馅到和馅到包包子，一直到包子蒸上了锅，慢慢地散发出了蒸腾的热气和香味，而不是一下子就着急地揭锅了事。

最后，才到了阿拉比。阿拉比已经打烊了，灯一盏盏都熄灭了，就要关门了。

小说到这里戛然而止。

我们也就看到了描写的魅力。如果不是描写，只是为了叙述，那么一句话就可以交代完毕，小男孩一下子就和梦中情人曼根的姐姐说上了话，去成了阿拉比，到了那里，市场已经打烊了。那样的话，故事还有现在这样描写得有意思吗？也就寡然无味了。

在这里，我们看到了，叙述和描写的最大区别在于，叙述只是为达到终点，而描写则重视在到达终点之前一路逶迤的风光。因此，叙说如同刘翔的百米栏赛跑，描写则如同徐霞客一样的旅途观光和调查。过程比结果重要，这样的道理，用在描写上，一样合适。

三

曹文轩的《草房子》是一部影响非常大的儿童长篇小说。其中有一段写一个叫桑桑的小男孩给一对恋人传递情书的描写，非常精彩。我们来看看他是怎么样一步步把这样一段看信的情景，如描如绘，状若目前，能够让我们读得津津有味的。

所谓描写，就是要有层次，层层剥笋，不能一口吃个胖子。一步步慢慢地往前走，才可以看到两边的风光。看看这样一章的描写，分了几个怎样的层次——

1．桑桑非常想看看这封信里到底写了些什么。他先是把信“对着阳光照着，并且是长久地照着”。他什么也没看见，越是没看见，越是想看。这时候，他不再看信了，而是“低下头向四处看了看，见空无一人，心禁不住一阵乱跳”。看，对着阳光看——看不见——又特别想看——又怕让别人看见自己

在偷看人家的信，便向四周看看有没有人，心一个劲儿地乱跳。写得层峦起伏，让我们读到了一个小男孩偷看别人的信而且是男女之间情书的此时此刻的心绪，看不见的心绪，通过看信和看四周两种不同的“看”，一下子一目了然。如果我们做一个小小的总结，这里是以动作来进行描写。

2. 笔横斜过去，不写小桑桑了，改写一只灰黄色的鸟，此时歪着头正看着桑桑。当桑桑吐出湿漉漉的舌头，反复湿润着信封口，想揭开信封，对自己说只是看一眼的时候，鸟那么适时的“呀”地叫了一声，叫得本来心虚的桑桑立刻把信扔到草垛顶上。“他抬头看到了那只鸟。他觉得那只歪着脖子的鸟也很想看这封信。”在这里，写鸟的目的是为了写人，借助于鸟，是为了将人的心情——也就是桑桑偷看信时的忐忑心情，衬托得更清晰。下面，这只鸟被充分调动，起到非常大的作用。有了鸟的衬托，就像对手戏有了呼应和交流，写起来自然就比唱独角戏方便多了——这里借用他物进行描写。

需要特别说一下的是，在整个桑桑看信的这一章，被反复运用的方法，便是以动作来进行描写和借用他物进行描写这样两种，我们要注意学习的是如何巧妙运用，又如何交叉运用这两种方法。

3. 桑桑开始看信。因为吐沫太多，信封口已经开了，桑桑“顺手从草垛上拔下一根草，用草茎将信封口轻轻剔开了。他又看了一眼那只鸟，将信封口朝下轻轻一磕，里面的信露了出来”。这时候，那只鸟飞走了。“桑桑哆哆嗦嗦的将信打开了。”当桑桑正要念那封信的时候，鸟又那么适时地飞回来了，还是落在了刚才那根树枝上。他刚看了一个开头，脸就红了，没再看信，却看了一眼鸟，“那只鸟半闭着眼睛在打盹儿，似乎无意知道信的内容”。

这一段确实非常精彩。把信从信封里拿出来，从开始拔草的小心翼翼，到打开信时候的哆哆嗦嗦，再到后来看到信时候的脸红耳热，全是以动作来写心情。中间不忘那只鸟，让它四次频繁出现，一次是桑桑做贼心虚看了一眼那只鸟；一次是鸟根本不理他飞走了；一次鸟又飞了回来；一次是鸟半闭着眼睛打盹。我们看到这里，应该明白了，写鸟和写动作的目的一样，都是为了写心情。在这里，充分地调动了鸟，让鸟和人物进行了富有戏剧性的交流，才让人物的心情表现得有了张力，非常活泼而鲜明。

4. 看完了以前从未见过的用这样美的句子写的信，桑桑激动得手出汗了，他的小脏手在这封干干净净的信纸上留下了黑手印，他慌乱地把信放在草垛上，双手使劲在裤子上搓擦起来。偏偏这时候，来了一阵风，把信吹跑了。他拼命去抓纷飞的信纸，还是有一页“像是一窝小鸟里头最调皮的一只，居然独自脱离了鸟群先飞远了”。

这一段写得节外生枝，把描写的层次推进了一步。推进的动力来自突然而起的那阵风。风和前面出现的鸟的作用是一样的，都是为了写出桑桑的心情。我们便可以看出，这里用的依然是借助他物的方法，但是，所达到的效果却不完全相同。

如果说前面即使借助鸟所描写的，还都是静止状态下桑桑读信前后的忐忑心情，也就是说，桑桑只是在草垛上拿着信怎么想看，却像是捧着个烫山芋似的又想吃又怕烫，除了看一眼鸟、拿吐沫湿一下信封口之外，并没有什么动作。如果，这一段的处理，真的是一场戏的话，演员是不好演的，因为没有任何戏剧动作。那么，这时候风把信吹跑了一页，让静变为了动，戏剧动作就会产生了。我们肯定都能够想到，下面肯定是桑桑要去追回那页信纸的了。写也就好写了，而且容易写得柳暗花明又一村，出现新的动作。

5. 果然，新的动作出现了。桑桑追信。开始，他不敢动，因为怕压在肚子下面的信纸再被风吹走。这时候，又写到那只鸟，“看见那张飘忽的纸，以为也是一只鸟，就从枝头飞下来，与那张纸在空中翻上翻下的旋舞起来”。这只可爱的鸟，这时候真的成为除了桑桑之外的第二角色，起到了真正人物都起不到的作用，如同童话的动画片一样，让它和信在空中上下翻飞，非常的妙。

然后，桑桑一边使劲盯着那张纸，一边把压在肚子下面的信纸抽出来，胡乱地揣进怀里，就跳下草堆追去。快要追到的时候，又出现新的转折，信落进烂泥塘里。需要注意的是，这个转折，便是情节的转折，有了转折，就有了从客观情境和主观心情的两方面的变化，描写也就容易进一步展开。如果说从最开始到风吹跑信纸之前的描写，属于静态的心情描写，风的出现，让静态变为了动态，那么，信纸掉进了烂泥塘，便出现了意想不到的新的转折。这样三段式的描写，一气呵成，委婉有致，又一波三折，非常值得我们学习。

6. 下面，桑桑把信纸捡起来，上面沾满了泥水。桑桑一气之下，把所有的信纸都扔进了烂泥塘，赶紧逃离了河边。这是新的转折。

7. 回到家，看到信封没有被扔掉，“他把信封抖了抖，终于什么也没有抖出来”。这是上面转折的余波延续，用抖空信封的动作，写桑桑的心情。

在曹文轩的笔下，我们看到了描写方法的多样性。掌握好多样的方法，会让我们描写的本领如虎添翼。

主题的发现

一

一般而言，文章的主题，是老师特别重视而强调的，学生在写作的时候，也是尤其注意而刻意的。主题，即文章的立意，好的立意，新鲜的立意，自然会使得文章耳目一新，所得的分数也就容易提高。

我曾经给同学读过一则日本的童话，它现在选入了人教社小学五年级的语文课本里，题目叫《去年的树》，文字不长，我全文摘抄如下：

一棵树和一只鸟是好朋友，鸟天天给树唱歌。

冬天，鸟必须离开，飞向远方，明年再见了。

春天来了，鸟飞了回来，树不见了，只剩下了树根。鸟问树根："树哪儿去了？"树根说："伐木工人伐倒了它，拉到山谷里去了。”

鸟飞向山谷。工厂里的工人在锯木头，鸟落在大门上问门先生：“树哪儿去了？”门先生告诉鸟：“树被切成细条组成火柴，卖到林子里去了。”

鸟飞向林子，一盏油灯下，坐着一个小姑娘，鸟问她：“小姑娘，火柴在哪儿？”“火柴用光了，点燃火，还在灯盏里亮着。”

鸟睁大眼睛，盯着灯火看了一会儿。

这则童话的后面还有一句话，可以说这句话就是文章的主题，我没有接着读下去，而是请同学们自己来设想一下，应该是一句什么样的话？如果是你来写，会写出一句什么样的话？那么，你写出的，其实就是你为这则文章所确立的主题。这将衡量着你对主题把握的能力，是考验你聪明的时候。

这样一说，同学们回答很踊跃，说什么的都有，但大多数同学说的是：鸟很伤心，树木被伐倒，人类为了自己做门、火柴等所需要的生活，无情地破坏了大自然……这样的回答，没有什么错误，但是，这样的主题，是一般化的，也就不大新鲜。什么叫一般化？一般化，就是你想得出来的，别人也想得出来，你和大多数的想法相似。而要想让文章新颖，主题的新鲜，占有其中很大的比重。因此，避免主题的一般化，力求主题的新鲜，是写作时候需要努力的方向。

我们还是来看看《去年的树》的最后一句话是怎么写的：

“接着，鸟就唱起了去年唱过的歌，给灯火听。”

显然，这就不是人类要保护大自然的主题了，而是关于美好的主题，是对美好逝去的向往与怀念的主题。

显然，这样的主题，比保护大自然的主题要新鲜而别致，更能够让我们的心为这只鸟而感动。

二

不满足于常见的思路，不趋同于大家的想法，寻找到新鲜而别致的主题，文章也就成功了一半。但是，这样主题不是凭空想就能想出来的，而是需要从生活中发现。发现主题的过程，实际就是发现生活和认识生活的过程，只不过，在发现生活和认识生活的过程中，我们加入自己情感和思想的咀嚼。所以，雨果曾经说：思想是一种营养，想就是吃。也就是说，主题的发现，和生活是同步的，并不是我们常常见到的那样，主题仅仅成为最后披挂在文章身上的一件华丽的披风。

已故老作家陆文夫先生曾经写过一则短文《脚步声》，它的主题看似很简单，却很别致独特，那就是：在都市的喧嚣中，是听不到自己的脚步声的。应该说，这样的主题，是作者独特的发现，发现了我们都曾经有过却又都未曾明确表达出来过的体验。就像陆文夫在文章里说的：“你一出门，甚至不出门便可听到这整个世界有一种嗡嗡的轰鸣……人人都好像不是用自己的脚在走路，而是被一种看不见的力量在向前推。很难听见自己的脚步声了，听得耳边呼呼风响，眼前车轮滚滚，你不知道是在何处，忘记了是从哪里来，又到哪里去的。”脚步声听不到，其实就是生活的一种迷失。

陆文夫文章的整个主题，源于他自生活中的发现。在这则文章的第一段，他开宗明义地说：“我走过湖畔山林间的小路，山林间和小路上只有我；林鸟尚未归巢，松涛也因无风而暂时息怒……突然间听到自己的身后有脚步声，这声音不紧不慢，亦步亦趋，紧紧地跟随着我。我暗自吃惊，害怕在荒无人烟的丛林中碰上了剪径。回头一看，什么也没有，那声音来于自己的脚步。”

正是由于生活中这样一次偶然的发现，才促使了这篇文章的生成，而主题的发现，是在陆文夫对于这样一次偶然发现后的进一步思索。因为这种“蝉噪林愈静，鸟鸣山更幽”的体验，自己的脚步声吓唬自己的感觉，我们也曾经有过，只是过去了也就过去了，并没有深想，它会给我们一些什么样的启发。于是，也就没有我们的文章。

陆文夫先生先是回忆起自己少年时代的往事，读私塾时，天未亮，就赶在乡村夜路上的情景，也是四周寂静无声，却听见自己身后总有沙沙的脚步声，以为是鬼，吓得向前飞奔。如今，想到“我听不到自己的脚步声已有多年了，多年来在繁华的城市里可以听到各种各样奇妙的声响：有慷慨陈词，也有戚戚私语，有无病的呻吟，也有无声的哭泣；有舞厅里重低音的轰鸣，也有警车呼啸着穿城而过……喧嚣，轰鸣，什么声音都有，谁还能听到自己的脚步？”一串属于城市里的声音，和少年时代的声音，在做强烈的对比。

于是，我们便可以明晰地看到这篇文章主题的发现的全过程，其中，对比的作用至关重要，可以说是主题发现的关键。在经历了一次生活中的偶遇，回忆了少年的一次经历，进行了和现实的强烈对比之后，他发现了，在都市的喧嚣中，是听不到自己的脚步声的，要想听到自己的脚步声，必须到大自然中，必须是“在寂寞的时候，在孤苦的时候，在泥泞中跋涉或者穿过荒郊丛林的时候”。

三

好的主题，不一定要多么的深刻，平易如同我们平常人的人生，一样是好的主题。这样的主题，恰恰需要以我们的人生来提炼。人生的经验，人生的感悟，人生的沉淀，往往是这样可遇而不可求的收获。

陈染有一篇散文《灰色的价值》，便是经过她自己的人生体验之后而获得的。其主题论述灰色的价值，与众不同，新鲜别致。因为一般人更注重或者更向往、愿意书写的是红色、白色、绿色或蓝色。红色力量，白色纯洁，绿色希望，蓝色忧郁……很少人注意并写到灰色。其实，灰色可能更是大众色，是大多数人大多时间里遇到的色彩。只是，我们忽略了灰色，而唯独陈染注意到并拾起了它。

她说：灰色低调，灰色更有弹性，退一步海阔天空；灰色是不动声色，是包容大度；灰色不是悲观丧气，不是悲观失望，而是更有潜在的力量；灰色是生命的颜色，是人生的颜色。

这样的主题的提炼，来自她对于人生的体味和彻悟。她说：“我二十多岁时喜欢黑色，那种绝对的黑色。那时，正是偏执叛逆又多愁善感的年龄，一棵冷冬里荒凉的秃树，也会使我感怀神伤，想到生命的消逝与死亡的气息。它是一株树，但是它又不是一株树，它和我们的生命息息相关。”

同时，她接着说：“那个年龄，我头脑里的颜色是黑色的。黑色是一种冷，一种排斥，一种绝对；黑色甚至是否定，是拒绝，是抗议；它体现的是一种不同流、不睦群、不妥协以及愤世嫉俗的反骨和叛逆。黑是怀疑论者的眼神，是我不相信，是没有退路的脚步，是对世界的敌视，是敢于伸向死亡的手臂。说到底，黑，是青春的颜色！”

我们可以看出，前者是她人生的经历，而后者则是她人生的感悟。前者是人生青春期的经历，我们其实都曾经经历过，那时，我们多愁善感，我们愤世嫉俗，我们怀疑一切又相信一切，我们确实是喜欢黑这种非黑即白富有棱角的颜色。但是，我们的这种经历，往往没有从颜色的角度去考虑，仅仅是对实际生活本身的就事论事，主题自然也就容易就事论事。

因此，后者的人生感悟，是重要的，是从经历本身顿悟后的升华。更为主要的是，能够从繁复驳杂的庸常人生中对于

颜色的提炼，才会使得这种主题新鲜而别致，同时也具有概括力。

当她接着说："走过了青春，便没有权利执迷于绝对的黑色了。现在，灰色成为我喜欢的一种生命颜色。"便显得自然、贴切。在与黑色的对比中，其实也是和青春的对比中，灰色显示了它自身独特的价值。这种价值是以青春为代价体现的，所以，她在文章最后说："没有人生来就是灰色的，是时间和经验把人磨炼出的灰色。人不到一定的（心理）年龄，不会体味灰色的价值。"灰色和生命联系在一起，写得格外沉郁。她赋予了灰色一种崭新的意义。

四

梁晓声在《论温馨》中，也是用这样的方法，以自己人生的经历为酵母，依此感悟而提炼温馨的主题，即温馨"不是设计与布置的结果，不是刻意营造出来的。它储存在寻常人们所过的寻常的日子里，偶一闪现，转瞬即逝，溶解在寻常日子的交替中。它也许是老父亲某一时刻的目光，它也许曾浮现于老母亲变形了的嘴角；它也许是我们内心一丝欣慰；甚至，可能和人们所追求的温馨恰恰相反，体现为某种忧郁、感伤和惆怅"。

只是，同陈染不尽相同，陈染是把人生的经历所得到的感悟，最后化为了抽象的颜色，而梁晓声则完全是从人生经历本身的实情实景实录。一种是从实到虚，一种是从实到实，两种方法，都是可以学习借鉴的。

我们来看梁晓声是怎么样从人生经历出发的，他先写了母亲下夜班的时候，自己在胡同口等候，看见路灯下穿着不合身的工作服的母亲快步往家里赶的身影，他说："如今回想起来，那远远望见的母亲的古怪身影，当时对我即是温馨。"小学五年级的时候，因为母亲上班，自己在为一家人烧饭，为省电，没有开灯，在火炉前，一边提防着粥别煮糊，一边就着火炉的微光看小人书，他说："如今回想起来，当时炉口映出的一小片火光，对我即是温馨。"插队以后，每次回家探亲，他把积攒下和借来的几百元钱，交到母亲的手里，母亲流出的眼泪，他说："如今想来，温馨在母亲的泪花里。为了让母亲过上不必借钱花的日子，再远的地方我都心甘情愿的去，什么苦都算不上是苦。母亲用她的泪花告诉我，她完全明白这一个儿子的想法。我的心使母亲的心温馨，母亲的泪花使我心温馨。"……

这样一连串的生活经历中醒目的片段，一直到父亲临终之前，自己和父亲亲密地躺在一起，自己的手轻轻地握着父亲的手；母亲弥留之际，自己企图用嘴对着母亲的嘴吸出母亲的痰的时候，母亲突然醒来，一把紧紧地搂住自己，他都认为是人生难得的温馨。他极其富有感情地说："当时我的心悲伤的快要碎了。所以并没碎，是由于有温馨粘住了啊！"

温馨的主题，就是这样在他的人生经历中，反复出现，一

次次地定格。他所论说的温馨，化为了一个个的场面，形成了一幅幅动人的画面。如果和陈染相比，陈染是以灰色的论说，将主题形成了一幅线条爽朗的木刻抽象画，梁晓声则是把温馨的主题渲染成了好几幅写实的色彩浓郁的水粉画，众星捧月一般深化了温馨的主题："它虽溶解在日子里，却并没有消亡，而是在光阴和岁月中渐渐沉淀，等待我们不经意间又想起了它。而当我们又想起它的时候，我们会往往对自己说——温馨吗？"

同样是从人生经历而来，陈染是把主题从中抽出一根筋骨，清爽醒目，而让我们一目了然；梁晓声是从中反复地说明他所表达的主题，如同老太太絮棉被，不厌其烦地一层层地把棉花絮上，然后给我们一床宣腾腾的被子，温暖着我们。

五

李国文的《境界三帖》里，主题的发现方式，和梁晓声的又不一样。

文章的第一帖，写的一次游山。但写的不是一篇司空见惯的观光游记，而是写了一件山脚下寺庙前一个和尚打水的事情。如果是一般的打水，也就没有这篇文章了。偏巧，在和尚一桶桶单调打水的时候，忽然间，"钟磬齐鸣，佛号长诵，原来是从海峡那边来了一位法师"，一下子，寺庙热闹了起来，随同而来的和尚众多，还有长老陪同，方丈引路，众僧和香客的顶礼膜拜，法师还在进行大把大把撒钱的布施，好不沸沸扬扬。唯独这个和尚没有人搭理，甚受冷落，但他依然一桶桶认真地打着水，将大雄宝殿前冲洗得干干净净。整个一下午，至少从井里打上来四五十桶水，而且，极其坦然，从容不迫，从来没有让水从桶里洒出来过。以至于作者感慨道："我想换了我，是做不到的，尤其那些有钱的和尚在身边走来走去的时候，大概是无法沉住气和大度起来的。"

于是，作者向这个和尚请教如此静心之术，和尚说："我没有想这么多，甚至根本没有去想，只想着这桶水，也就不生其他杂念了。"由此，作者顿悟道："杂念即欲。人世间的许多烦恼，皆因太在乎那桶水外的名欲和物欲，纠缠其中，才不能自拔的，如果自求挑好自己那桶水，摒除杂念，力臻宁静淡泊的境界，我想，无论对己，还是对人，都会是一件有益的事情。"

这就是这一帖的主题。宁静淡泊的境界如何才能够达到。我们可以看出，和陈染与梁晓声的主题的选择不一样，李国文不是从自身的经历出发，而是从生活中的一次偶然发生的一件小事出发，一样可以抵达终点。也就是说，平常生活中，注意观察，注意交流，不要把心磨得粗糙，而让自己的心敏感一些，能够被这样的看似并不起眼的小人物或小事情所感动，就可以发现。好的主题，新鲜的主题，其实，并不只是深藏不露在那些拥有丰富人生经历的人的手中和笔下，也可以在我们日常再琐碎细小不过的事情之中。发现它，就像发现我们自己的

心还不那么粗糙而有些弹性和湿润一样，会让我们高兴，也会让我们的文章生色。

或许，这是李国文这篇文章给予我们的一点启示。它能够让我们的文字和我们的人生，都能有一个新的境界。

六

张承志的《面纱随笔》，对于主题的提炼方法，又不完全一样。他靠的不仅是眼睛的发现，更是心。

他写的是自己和一位新疆维吾尔族女人的三次交往。第一次，是个夏天，他到她家做客，她一直戴着遮住整张脸的褐色面纱，即使分手前留念拍照的照片上，她也是戴着那个蒙面的头巾。第二次，一年以后的秋天，他又来她家做客，她依然戴着面纱，但一年来的交往，使得“主人和客人中间蹿进来一只叫做信赖的兔子”，再次照相的时候，褐色的面纱快乐地在胸前一摇一晃，和上次照相的时候“小心地注视着镜头，认真的望着临近的瞬间”，有了明显的区别。分手时，她甚至对他说我们已经是亲戚了，还特意送给他一块衣料。第三次，一年后的年初，冬末春初，他给她家寄去洗好的照片和国外出版的精致的《古兰经》，她寄给他一张照片，在这张她和她女儿合影的照片上，她没有蒙上面纱。

经历了夏天、秋天和冬末春初，几乎是四季轮回的近两年的交往，两个不同的民族真诚的心灵碰撞，彼此产生了信赖，才有了最后照片上那位维吾尔族女人摘下了蒙面的面纱的结局。张承志这样写道："她用摘下面纱的方式，传达了严肃的信赖。我凝视着照片上那典型的维吾尔脸庞，却觉得看见的是他们的心情。受到信任的惊喜很快变成沉思，我回忆着两年来的风风雨雨，回忆着我在他们面前的举动。一幅面纱掀起，那时的一言一语突然闪光，有了含义。是的，对于可以信任的人，面纱头巾可以除去。纱巾只是女人的传统，只是文明的传统，当你懂得尊重这传统的时候，纱巾就会为你掀起来了。"

这就是这则随笔的主题：关于尊重和信任。看似他是在一个维吾尔族女人从戴着面纱到摘下面纱这样简单的对比中，提炼出的这个主题，实际上，他是靠近两年的实际接触，真诚交往，而从自己内心里感受到，你对于他人的尊重，才能够换回别人对你的信赖。在此之前，我们可以看到，他在文中以虔诚的心写道，他和这位维吾尔人一家的交往，是"与一个民族的相遇，与一个传说的接触"。正是由于拥有了这样的心地，才可能心碰心，有了最后看到照片上的她摘下面纱之后，"一瞬间我感到强烈的震动，心里一下子涨起难以形容的感受"。如此，照片上面纱的蒙面与摘下，才可能被他如此的重视，发现并提炼出这样的主题。

我们可以看出，主题的发现，并不是为文而文，从文章走向文章，而是从心灵走向文字的。

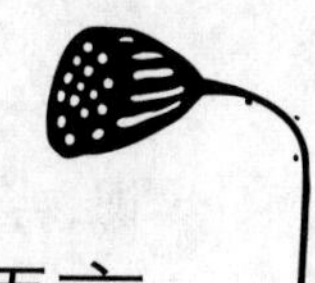

好的语言

一

好的语言，不尽是词汇的堆砌，而是真情的抒发，是细心的捕捉，是别出心裁的描述，讲究的是用平易字词和句子，对司空见惯的事物与情感的新鲜活泼的表达。

很多年前，读迟子建的小说《逆行精灵》，里面有一段雨过天晴之后关于阳光的描写，至今记忆犹新："阳光在森林中高高低低的寻找着栖身之处，落脚于松树上的阳光总是站不稳，因为那些针叶太细小了，因而它们也就把那针叶照得通体透明。而落在低矮的阔大榛叶上的阳光则一派平和心态，它们能美美地坐在上面而不撒一线光芒。"

阳光司空见惯，没见过写得这样细微而别致的。能够达到这样的细微和别致，其实，并没有用什么高深或漂亮的词汇，这里所有的词，都是司空见惯的，小学三四年级都应该会认识，会写出的。为什么就能够达到这样的效果？仔细看看，她就选择了两点来写阳光，一点是落在松树上的阳光，因为松针细小，她不说落在那上面的阳光少，而说是“站不稳”，一下子就格外生动，生动的原因，也很简单，她用了一个拟人的修辞方法；二点是落在阔叶树上的阳光，她不说那里的阳光多而明亮，而是说“美美地坐在上面而不撒一线光芒”，还是拟人的方法。方法是好学的，关键是学习在落笔之前的观察，观察仔细了，独特了，写得才有可能独特、细致。

屠格涅夫在他的《猎人笔记》中曾经这样描写过司空见惯的石头：“这凹地的形状很像边缘倾斜正确的锅子，凹地底上矗立着几块很大的白石头——它们仿佛是爬到这地方来开秘密会议似的——这里是那么的沉寂、荒凉，天空是那么平坦、凄凉地挂在它的上面，竟使我的心都郁结起来。”

石头“仿佛是爬到这地方来开秘密会议似的”，显然是这一段文字中最精彩的一句，非常新奇，又格外贴切。但是，我们要注意，荒凉的原野，沉寂的夜晚，是石头出现的背景，也就是说，如果背景不一样，石头的描写也就不会一样。在这样的背景中，石头才有可能如爬到这地方来开秘密会议似的，那样的神秘，那样的孤寂，和周围的环境与气氛那样的吻合。好的语言，是整体一致的，不是单摆浮搁的，注意了整体的环境、心境，或语境，才会把语言调动得如鱼得水。

再来看普鲁斯特在《追忆似水年华》里，也有一段对石头的描写，写的和屠格涅夫完全不一样，但一样新鲜有趣。他是

写石塔上被残阳映照下的石头：“塔尖还残留着些许残阳，自从塔身进入了这光区之后，每一片石头便被阳光照得轻飘飘起来，仿佛突然间显得又高又远，像一首歌提高八度的尖音来演唱一样。”

就像屠格涅夫格外注意到了荒凉夜色是石头出场的背景一样，普鲁斯特也敏感地发现，残阳是他的石头出场的背景。于是，同样是石头，普鲁斯特的与屠格涅夫的就完全不一样。屠格涅夫的是神秘地“爬”到那里的，普鲁斯特的是在这里“轻飘飘起来”，神态与动态的不同；屠格涅夫的是到那里“开秘密会议”，普鲁斯特的是“提高八度的尖音来演唱”。实在是各有其妙，都那样生动得让我们叹为观止。

同样在《追忆似水年华》里，还有一段吃点心的著名描写段落，普鲁斯特别出心裁，不把重心放在点心的外形上，而注重点心的气味和滋味，一下子提升到形而上的描写。当然，这样的描写比外形的描写要困难，却因难而新鲜。他选择了一个有意思的切入点，即点心的气味与滋味和往事的关系，也就是重新见到点心和第一次吃到它时的情景，这样，他便巧妙地把无形的气味和滋味与有形的往事联系在一起，气味和滋味便不会是虚无缥缈的，而是具体实在的，便也就容易写了。

他先写重新见到点心时的情景：“见到那种点心，我还想不起这件往事，等我尝到了味道，往事才浮上心头。”接着，他一句过渡：“凡形状，一旦消退或者一旦黯然，便失去足以与意识会合的扩张能力……”之后，直接写气味和滋味：“但是气味和滋味却会在形销之后长期存在，即使人亡物毁，久远的往事了无陈迹，唯独气味和滋味虽说更脆弱却更有生命力；虽说更虚幻却更经久不散，更忠贞不矢，它们仍然对依稀往事寄托着回忆、期待和希望，它们以几乎无从辨认的蛛丝马迹，坚强不屈地支撑起整座回忆的巨厦。”

有意思的是，普鲁斯特在这里写到的滋味和气味以及回忆，其实都是虚的，就如他自己所说是“虚幻”的，并非具体实在，却为什么让我们感觉具体实在了呢？就像两种看不见的氧和氢的气体合在一起，就会出现水这样具体的物质一样，语言就有这样的魔力。在这里，气味和滋味经过心情的冶炼，和融入了生命经历的往事会合，才有了别样的感觉，而这种感觉正是和我们心灵相通，才会打动我们，让我们会心会意。

人物描写的语言，是最见功力的。我国古典小说人物的出场，常常可以看见精彩的描写，但大多是从外形出发，直接描写人物具体的形状特征，连带出人物的性格，比如《水浒传》里的李逵、鲁智深、武松等人，都是这样的笔法语言。当然，这是一种最为直接的方法，也最容易学习。

但这并不是唯一的方法，我们来看一下获得诺贝尔文学奖的土耳其作家奥尔罕·帕慕克在他的长篇小说《我的名字叫红》中对一位理发师的描写：“有一位技艺精湛的理发师，他还在那家店里，还在同样的镜子、剃刀、水罐和肥皂刷之间。我们四目相对，但我不知道他是否认出了我。我很高兴看见那只连着链子从天花板悬垂而下的洗脸盆，他往里头倒热水的时

候，仍然依循着旧日的抛物线，来回悠荡。”

显然，和我们传统的人物描写不同的是，帕慕克不是以第三人称纯客观的角度描写人物，也不仅仅描写人物的外形，而是从第一人称“我”的视角来描写人物，这样的人物便无形中和“我”有了交流，有了感情的对应。对“他往里头倒热水的时候，仍然依循着旧日的抛物线，来回悠荡”的描写，真的非常精彩。特别是“仍然依循着旧日的抛物线，来回悠荡”，形象生动不说，而且充满感情的色彩。

同样是人物描写，我国作家曹文轩在他的著名小说《草房子》里，有着与帕慕克不同的语言处理方式。他描写一个叫做秃鹤的男孩子的光头：“阳光下，这颗脑袋像打了蜡一样光亮，让他的同学无端地想起，夜里它也会亮的。”第三人称的描写，却插进他的同学的联想，让光头仅仅“打了蜡一样的光亮”有了进一步的发挥，“夜里也会亮的”，便显得格外精彩。这一句出自孩子心理的联想，突兀却形象突出。

二

好的语言，总是能够这样在平易之间却平地拔起突兀在我们的眼前，令我们的眼睛一亮。需要注意的是，这样好的语言不是凭空想出来的，它需要我们平常对他人作品的学习，也需要平常我们对于生活的观察。这两点是相辅相成的，彼此促进，才会取得相得益彰的效果。对于初学写作的孩子而言，主要对日常生活的观察，是锻炼语言表达能力的基本功。就像学习绘画的素描基本功一样，把观察到的，先能够准确而生动地描述下来，特别重视对那些司空见惯的事物、场景、人物的描写，这是语言学习的前提。

已故老作家汪曾祺先生的作品注重白描，在简洁的语言中见功力，特别值得学习。我举一个例子，他在《昆明食菌》中，就是这样以极其质朴的语言描写一种叫做干巴菌的："菌子里味道最深刻，样子最难看的，是干巴菌。这东西像一个被踩破的马蜂窝，颜色如半干牛粪，乱七八糟，当中还杂了许多松毛、草茎，择起来很费事。择也择不出大片，只是螃蟹小腿肉的丝丝。洗净后，和肥瘦相间的猪肉、青椒丝同炒，入口细嚼，半天说不出话来。只觉得，世界上还有这么好吃的东西？"

看，这一部分，完全白描，分为两层描写：一是外貌，像什么，颜色什么样，杂有他物，最后择出的只是很少的东西；二是味道好吃。需要学习的是，虽说是白描，却要注意是生动的白描，而不是干巴巴的事实的罗列。汪先生说其外貌难看，用了一个比喻："像一个被踩破的马蜂窝"；说其味道深刻，没用任何比喻，只是说："半天说不出话来。只觉得，世界上还有这么好吃的东西？"比比喻句还要生动。

紧接着，汪先生写："干巴菌，菌也。但有陈年宣威火腿的香味、宁波曹白鱼鲞香味、苏州风鸡香味、南京鸭肫肝香味，且杂有松毛的清香气味。"这一段是上述一段味道深刻的

引申，用的是一串排比。这样的方法，最适合学生学习，也就是说，如果我们在描写一个事物的时候，在白描它外部的形状之后，也可以照葫芦画瓢再来这样一段排比式的引申或生发，就像把所描写的事物再放在烤箱里炙烤一下，让它发出香味来。

当然，排比是好学的，难的在于汪先生这一串排比，有着他生活的积累，并不是为文而文，故意造出的排比。因此，生活和文学的双重积累，是语言背后的功夫。生活经验与阅历的丰富，自然会帮助我们语言的丰富。

我们再来看另一位作家贾平凹的白描，也可以作为初学写作的孩子的范本。

“风开始暖暖的吹，其实那不应该算作风，是气，肉眼眯着，是丝丝缕缕的捉不住拉不直的模样。石头似乎要发酥呢，菊花般的苔藓亮了许多。”——这是写三月的春风。

“两只鹿，一只有角和一只初生的，初生的在试验腿力，一跑，跑在一片新开垦的田地上，清新的气息使它撑开了四蹄，呆呆的，然后一声锐叫。寻它的父亲的时候，满山树的枝柯，使它分不清哪一丛是它父亲的角。”——这是写鹿。

“果实很繁，将枝股都弯弯地坠下来，用不着上树，寻着一个目标，拿嘴轻轻咬开那红软的尖儿，一吸，甜的香的软的光的就全到了肚里。只需再送一口气去，那蛋柿壳就又复圆了。”——这是写柿子。

可以看到，贾平凹白描手法和汪曾祺的归于同宗，都来自我国古典一脉。初春的微风，被他用这样四层并列来写：风是丝丝缕缕的捉不住拉不直的模样，人是肉眼眯着，石头发酥，苔藓发亮。干净爽朗，让这样的风和其他季节的风不一样，有特色，也生动。白描，也讲究，并不是看到什么写什么，而是要捕捉到那些有特点的，才会生动。试想一下，如果不写这四点，只写春风习习拂面，暖暖的吹，还会有这样的生动吗?

同样，一小一大两只鹿，如果没有仔细观察到“满山树的枝柯，使它分不清哪一丛是它父亲的角”，而只是写它们在清新的气息里亮开四蹄奔跑，还会这样生动得如一幅画吗?

累累的柿子压弯了树，随便拿嘴轻轻咬开一个柿子红软的尖儿，“一吸，甜的香的软的光的就全到了肚里。只需再送一口气去，那蛋柿壳就又复圆了。”一吸，一送，香甜绵软的柿子里的蜜汁被吮吸光了，又复圆回到枝头，被他写得多美，形象而生动，那柿子在一吸一送之间由瘪到圆，显出一个多么可爱的小精灵的样子啊。如果没有仔细的观察，或者就是自己亲身的经历，怎么可以写得这样独特而传神?

再来看韩少功对他自己的菜园里草木的描写：“牵牛花对光亮最敏感，每天早晨速开速谢，只在朝霞过墙的那一刻爆出宝石蓝的礼花，相当于植物的鸡鸣，或者色彩的早操。桂花最守团队纪律，金黄或银白的花粒，说有，就全树都有，说无，就全树都无，变化只在瞬间，似有联络的准确时机和及时联络的局域网络，谁都不得擅自进退。比较而言，只有月季花最娇生惯养。它们享受了最肥沃的土壤，最敞亮的受阳区位，最频

繁殷勤的喷药杀虫，还是爱长不长，倦容满面，玩世不恭，好吃懒做。硬要长的话，突然蹿出一根长枝，挂上一两朵孤零零的花，就把你给打发掉。”

观察得同样细致，描写得同样生动，也同样都爱运用拟人，用的方法不尽相同，韩少功用了更多的比喻，且有些比喻借用了现代语汇，比如月季花“似有联络的准确时机和及时联络的局域网络，谁都不得擅自进退”，非常别致，显得与众不同。我们便可以看出，如果说汪曾祺和贾平凹的描写更注重写实，韩少功则注重写意；前者具有传统古典的味儿，后者写得更有现代的味儿。

同样，韩少功还有一段关于水的描写：“风平浪静之时，湖面不再是水波的拼凑，而是一块巨大的整体镜面，让人不知如何是好。你在水这边敲一敲，水那边似乎也会震动。你在水这边挠一挠，水那边似乎也会发痒。若是有一条小船压过来，压得水平线撑不住，镜面就可能倾斜甚至翘起——这种担心一度让我紧张。”

这段描写非常生动，但运用的方法又不尽相同，这一次，他更多运用了心理，以自己心理的微妙变化，来写水面的变化。你敲水动，你挠水痒，水可以动，却是不懂得发痒的，都是因心理的作用所致，水也似乎和人一样有了心理，水的变化就可爱了许多。小船压过来，镜面倾斜甚至翘起，表面上是写水的变化，但后面一句“这种担心一度让我紧张”，还是在心理。在这里，因心理的加入，使得人和水交融一起，读起来，就比静止的单纯的白描更为生动有趣。

如此景物素描一样的语言训练，对于学习写作的学生，永远是必修课。一般这样的课文，如果要我来推荐或编选，在我国的作家里，除了汪曾祺、贾平凹和韩少功，我要再选萧红。萧红的《呼兰河传》其中对于菜园的描写，是学生学习景物素描的最好教材。看萧红如何观察，又是如何用最准确、生动和富有情感和特色的语言，描写那些我们司空见惯的事物，真的无人可以比肩。

举两个小例子。

一个看萧红是怎么描写六月天里那些菜花的红色："这些花从来不浇水，任着风吹，任着太阳晒，可是越开越红，越开越旺盛，把园子里炫耀得闪眼。把六月夸奖得和水滚着那么热。胭脂豆，金荷叶，马蛇菜，都开得像火一般。其中尤其是马蛇菜，红得鲜明晃眼，红得它自己随时要破裂流下红色汁液来。"

一个看萧红是怎么描写同样六月天里菜园里结出的那些各种各样的黄瓜："在朝霞里，那样嫩弱须蔓的梢头，好像淡绿色的玻璃抽成的，不敢去触，一触非断不可的样子。同时一边结着果一边攀着窗棂往高处伸张，好像它们彼此学着样，一个跟一个都爬上窗子来了。到六月，窗子就被封满了，而且又在窗棂上挂着滴滴嘟嘟的大黄瓜、小黄瓜、瘦黄瓜、胖黄瓜，还有最小的小黄瓜纽，头顶上正顶着一朵黄花还没有落呢。"

看，她说红得鲜明晃眼还不够，还要再说上一句"红得

它自己随时要破裂流下红色汁液来”。让这种红真的是红得浓烈，那样具有爆发力，铁板铜钹一般。

她说黄瓜的绿色，和说的红色又不一样，说“好像淡绿色的玻璃抽成的，不敢去触，一触非断不可的样子”，是那样的怜香惜玉。她说那些攀上窗棂的大小胖瘦的各种黄瓜，用的是拟人化，“好像它们彼此学着样，一个跟一个都爬上窗子来了”，一直到把窗子封满。那样的生机盎然，那样的充满感情。

所以，我愿意再说一遍，好的语言，不是凭空想象出来的，看人家信笔拈来，得来全不费工夫，其实是对生活有着独到、深切而细致的观察和体验。做好如汪曾祺、贾平凹、韩少功和萧红这样白描的功课，是学习和锻炼我们语言最好的路径。

三

好的语言，有时候是没话时能找到话来说，而且是合适的话，是贴切的话，是生动的话。因此，有时候，简练不是衡量好的语言的唯一标准，铺排不见得就一定是不好的语言的表达方式。好的语言，清浅小溪和深邃大海并行不悖。关键是，能不能说出人们想说又一时没有说出来的话来，而且说得漂亮，让人信服，让人点点头后说：是那么回事。

铺排最好的例子，莫过于周涛的《巩乃斯的马》。他描

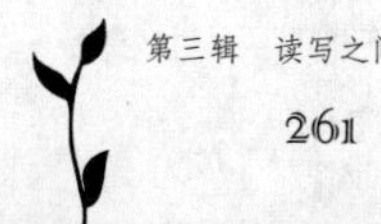

写了夏日暴风雨中马群奔腾的壮观，简直像一幅色彩浓郁的油画。他分成这样两段来写——

有一次，我碰上巩乃斯草原夏日迅疾猛烈的暴雨，那雨来势之快，可以使悠然在晴空盘旋的孤鹰来不及躲避而被击落；雨脚之猛，竟能把牧草覆盖的原野一瞬间打得烟尘滚滚。就在那场暴雨的豪打下，我见到了最壮阔的马群奔跑的场面。仿佛分散在所有山谷里的马都被赶到这儿来了，好家伙，被暴雨的长鞭抽打着，被低沉的怒雷恐吓着，被刺进大地倏忽消逝的闪电激奋着，马，这不肯安分的生灵从无数谷口、山坡涌出来，山洪奔泻似的在这原野上汇集了，小群汇成大群，大群在运动中扩展，成为一片喧叫、纷乱、快速移动的集团冲锋！争先恐后，前呼后拥，披头散发，淋漓尽致！有的疯狂的向前奔驰，像一队尖兵，要去踏住那闪电；有的来回奔跑，俨然像临危不惧、收拾残局的大将；小马跟着母马认真而尽情地跑，不再顽皮、撒欢，一下子变得老练了许多；牧人在不可收拾的潮水中被挟裹，大喊大叫，却毫无声响，喊声像一块小石片跌进奔腾喧嚣的大河。

雄浑的马蹄声在大地奏出鼓点，悲怆苍劲的嘶鸣、叫喊在拥挤的空间碰撞、飞溅，划出一条条不规则的曲线，扭住、缠住满天雨网，和雷声雨声交织成惊心动魄的大舞台。而这一切，得在飞速移动中展现，几分钟后，马群消逝，暴雨停歇，

你再看不见了。

他不仅把暴雨中马群奔腾写得气势磅礴，也把暴雨和马群，暴雨来时和去后，写得层次分明。在这样短短的文字中，却让人感到草原和马群的无限宽广，暴风雨和与之裹挟下的大自然的无限壮阔，能达到这样咫尺千里的效果，在于语言的魅力。

可以试着做一点解剖，开头第一句，写暴风雨来势之猛、之快，用了一个比喻，“可以使悠然在晴空盘旋的孤鹰来不及躲避而被击落”。这句比喻很重要，因为这将是全部描写的基点，是主角巩乃斯马出场的背景，是开场急急风似的锣鼓，是下马威似的前奏。孤鹰来不及躲避被击落，比喻得形象而贴切。说其形象，是因为鹰长着翅膀飞得再快都无法躲避这场暴风雨，更别说没长翅膀的马了；说其贴切，是因为他用了“孤鹰”和“被击落”这两个词，前者写出了草原的苍凉，后者写出了暴风雨的厉害，就如同猎人的猎枪。

下面，用了三个排比句，写了暴雨、怒雷和闪电。写了暴雨如长鞭，怒雷在恐吓，闪电在激奋，这样三位一体对马群进行了进攻。鹰都被无情的暴风雨击落，看马群如何了。他交叉用了多种方法，仿佛不这样不足以对付得了暴风雨。用了“争先恐后，前呼后拥，披头散发，淋漓尽致”四个现成的成语，按理说，这是描写中忌讳的，但用在这里，我们却感到贴切，除了淋漓尽致之外，其余三个成语，特别是“披头散发”，更适合暴风雨中的马群。他用了“尖兵”、“大将”和“集团冲锋”三个军队里常用的现成词，完全是把这场暴风雨当成一场战争来对待了，让巩乃斯的马分别成为“尖兵”去踏住闪电，成为“大将”去收拾残局，成为“集团冲锋”而形成整个的阵势，去战胜这场暴风雨。写得真的如大珠小珠落玉盘一般，清越又激越。紧接着，他把小马母马和牧人，以及人喊马嘶，迅速移动，汇聚成了“奔腾喧嚣的大河”，“交织成惊心动魄的大舞台”，写得如同电影里的一连串的长镜头，一气呵成，蔚为壮观。最后，他写道：“几分钟后，马群消逝，暴雨停歇，你再看不见了。”戛然而止，干净利落，节奏掌握得极好，真的如白居易在《琵琶行》里形容的那种效果：曲终收拨当心画，四弦一声如裂帛，东船西舫悄无言，唯见江心秋月白。

四

好的语言，是能够把平常生活中常见的一些事物，尤其是一些感觉或一种状态，写得生动形象，让人觉得状若目前。事物多少还好写，因为它本身具体，看得见，摸得着，即使写不到出类拔萃，盲人摸象，也能写个大概，至少不会无话可说。感觉或状态，就有点儿悬，因为感觉看不见，摸不着，是藏在心里的，状态也是有些似是而非，和感觉连在一起的，该怎么说，才能让人觉得生动、形象，不仅心领神会，还能拍手叫绝？

比如说一个人嘴馋，如果仅仅说这个人特别馋，非常馋，一句话带过，即使用再多的副词或形容词，也只是程度上的馋，概念上的馋，显然不是最好的表达方式，不会给人留下深刻的印象。

刘真在她早期的小说《核桃的秘密》里，这样写馋："我到现在也不明白，为什么我的小时候那么嘴馋呢？就是云彩上掉个雨点，我也伸出舌头接几个尝尝。那时候，农民的日子艰苦，一年四季，只有等到八月十五的晚上，我才能吃上一个梨。就这样，我也有办法让自己的嘴不闲着，什么甜味的草根，野杜梨，黄麦穗，还有一种叫江米包的草子儿，野外所有能吃的东西，我都吃过。如果捉到一只麻雀或蝈蝈，就放在锅底下烧烧吃。秋天，一要刮大风，我就非常喜欢，有许多红枣要从树上掉下来，我急忙回家拿出我的小篮子，到枣树下去等。"

读完这一段，我们都会觉得这个孩子可真够馋的。没错，她把一个小孩子的馋写得确实非常生动到位。她不是仅仅说一个馋字了事。1."云彩上掉个雨点，我也伸出舌头接几个尝尝"；2. 野外所有能吃的东西都吃过，从来不闲着；3. 捉麻雀或蝈蝈烧烧吃；4. 等着吃红枣。层层剥笋一样，把馋一层层地剥出来，一层比一层馋，最后，枣还没有从树上掉下来，就开始拿着小篮子在树下等着了，实在是够馋的了。

这还不算完，她接着又写道："有一次，我听邻家小凤子说，土蜜蜂肚子里，有一个小小的蜜蛋儿，我想：世界上最甜的地方一定就是蜜吧？我下了半个月的工夫，才捉到一只土蜜蜂，我刚一动它的肚子，它厉厉害害地蜇了我一下，疼得直钻心，我偷偷哭了半天，也不敢对妈妈说，怕她骂我是馋猫妮。就从这，我再也不想知道蜜是什么味道了。”

看，她又补叙了吃土蜜蜂肚子里的蜂蜜挨蜇的经历，进一步形象地说明她的馋。这一次，因为挨蜇，使得馋有了更深刻的印象和更生动的说明。

一个小小的馋字，在刘真的笔下，竟然可以铺铺展展说了这么多的事。这样一来，就把一个抽象的馋字，化作了好几件有趣的事情，好比作了好几幅插图来说明，当然就比馋呀，特别的馋呀，非常的馋呀，简直就是一个小馋猫呀，要高明了许多。

再看张洁的笔下又是如何诠释这个馋字的。她在《挖荠菜》的开头用了几乎和刘真一样的疑问句：“小的时候，我怎么那么馋呢？”然后，先不像刘真那样直接写自己怎么馋，而是借助他人之口，来进一步写出这个馋字：“只要我一出门，比我小的那些孩子总是在我身后拍着手，跳着脚地叫着：‘馋丫头！馋丫头！’我呢，整个后脊背就像从上到下地袒露在光天化日之下，羞得连头也不敢回，紧贴着墙边，赶紧跑开。”这样的一种场景，把馋更为形象地描写了出来。这叫做迂回写法，就像先不写天怎么黑，而是先写夜风怎么凄厉，自己怎么害怕，反衬出来天怎么黑。张洁在这里是用更生动的场景，便衬托出一个馋字。

下面，她开始具体写自己怎么个馋法了："养蜂人刚割下来的蜂蜜，我会连蜂房一起放进嘴巴；刚抽出嫩条、还没长出花蕊的蔷薇花梗，剥去外皮，一根翡翠簪子就呈现在眼前，一口吞下，清香微甘，好像蔷薇在你的嘴里抽芽开花；还有刚灌饱浆的麦穗，火上一烧，搓掉外皮，吃起来才香呢……"

可以看出，张洁和刘真写得都是那样的生动。这里，她们几乎用了同样的方法，具体来描写自己孩提时代的馋，更重要的是她们调动的同样是自己童年的回忆，和生活的积累。

再比如说父亲老了，仅仅这一句话，当然也表明了这层意思。但是，这样父亲的老，可以用在任何一个人的父亲身上，并无一点特色，也没有作为父亲的儿子你自己的一点感情色彩。好的语言，应该是你能够把父亲老的感觉和你自己感知父亲老的感情，告诉给读者，让读者体会到在"父亲老了"字面后的含义。

朱自清的名篇《背影》中，那段父亲"肥胖的，青布棉袍，黑马褂的背影"，已经成为"父亲老了"的经典描写了。朱自清写父亲在火车站送行前给他买橘子前后翻过铁道时的情景："他用双手攀在上面，两脚再向上缩；他肥胖的身子向左微倾，显出努力的样子。这时我看见他的背影，我的眼泪很快地流下来了。我再向外看时，他已经抱了朱红的橘子往回走了。过铁道时，他先将橘子散放在地上，自己慢慢爬下，再抱起橘子走……"艰辛岁月里父亲对于儿子的爱，和儿子看到父亲老的背影的伤感，都集中在这样一个场景中体现出来了。即使我们感受到父亲苍老的情景并不会一样，但父亲苍老的背影却成为一个我们眼前和心里共同的定格。所以，朱自清的这篇文章，才会让我们永远感动。

评论家南帆是这样写父亲老了的，他是也想到了朱自清的《背影》，并借助了这一“背影”的象征意义：“儿子对于父亲的感情往往是在发现了父亲衰老之后。这个发现来自朱自清的《背影》。那个时候，我已经到了厦门大学读书。授课的教授说她要将《背影》朗读一遍，不少人觉得有些多余。可是，她音调低沉地缓缓读过之后，这个教室鸦雀无声，只有窗外相思树上的知了在夏日里无忧无虑地聒噪。那个时候全班学生都意识到，他们的父亲老了。”

同张洁和刘真借助一件件的小事的叠印，来注解馋字一样，朱自清和南帆借助的是一个场景，即父亲过铁道买橘子的场景，教授朗读朱自清的《背影》的场景，作为父亲老了的背景，来为父亲老了镶上一幅画框。显然，这比直白地说父亲老了要生动、感人。这里，教授的朗读，朱自清的《背影》，以及窗外的相思树和树上的知了，都交织成为父亲老了的背景音乐一般，融入了情感，而不仅是述说了父亲老了这样一个事实。特别需要注意的是这里出现的相思树，很可能教室窗外碰巧确实有相思树，但恰如其分地表达了对父亲的思念的感情。微妙之处，体现了语言的魅力。

王顾左右而言他，永远是语言表达的一种方式，即不好说明此事，就用另一件事情替代说它；此事抽象，就用另一件形

象的事情说它。这叫语言中的“借水行船”。

老舍先生在《骆驼祥子》里写潦倒的祥子，老舍不写祥子本身怎么样的潦倒，因为潦倒也是一种状态，不那么好写。老舍先生先写祥子：“看着一条瘦得出了棱的狗在白薯挑子旁边等着吃点皮和须子，他明白了自己就跟这条狗一样，一天的动作只为捡些白薯皮子和须子吃。将就着活下去是一切，什么也无须乎想了。”老舍先生借用一条狗，而且还是条“瘦得出了棱的狗”，当然，我们都明白，写这条狗，其实就是在写祥子。

还说老舍先生的《骆驼祥子》，在写祥子终于攒钱买了一辆洋车，拉着自己的车卖力气挣钱养活自己，是祥子的最大梦想。老舍先生如何写祥子对这辆车的感情的，很值得我们学习。一般而言，我们常常愿意这样写：祥子怎么爱护这辆车，怎么和这辆车相依为命，即使回来得再晚，自己拉车再累，也要把车擦得浑身上下干干净净，车就是祥子的命，等等。这样描写当然可以，却是一般人都容易想到的话，聪明的作者是要写出别人想说而一时说不出来的话，或者写出和别人说出来的不一样的话。

老舍先生是这样来写的：“那辆车也真是可爱，拉过了半年来的，仿佛处处都有了知觉与感情，祥子的一扭腰，一蹲腿，或一直脊背，它都就马上应合着，给祥子以最顺心的帮助，他与它之间没有一点隔膜别扭的地方。赶到遇上地平人少的地方，祥子可以用一只手拢着把微微轻响着皮轮像阵利嗖的小风似的催着他跑，飞快而平稳。拉到了地点，祥子衣裤都拧得出汗来，哗哗的，像刚从水盆里捞出来的。他感到疲乏，可是很痛快的，值得骄傲的，一种疲乏，如同骑着名马跑了几十里那样。"

老舍先生完全把这辆车拟人化了，祥子拉车什么样的动作，车都能够马上和他应合，甚至可以如小风似的催着他跑。拉车再累，心里痛快，但老舍先生不仅仅说痛快，因为痛快这样的说法太平常了，一般人都可以这样说；于是，老舍先生还要再打上一个比喻，给这个痛快加重分量，便说祥子拉上它就跟骑名马一样，那种得意和惬意的劲儿，立刻都更为形象地表现了出来。这样把车和人两位一体的描写，真的是很精彩。这样对于车的描写，是学习写作最好的范本。

五

好的语言，不尽出自名家之笔，就如同美女不见得出自王宫后院，乡野民间有更多漂亮清新脱俗女子一样。

这一次，举一个名不见经传的业余作者的例子。是一个叫做李娟的女子，写作的一篇叫做《洗衣服是件快乐的事》的散文，看看她是怎么样以质朴而生动的语言，描写她洗衣服时在河边见到的日常景物的。

先看她写在河边的总体感觉："一个人在河边待时间长了，就会感到怪怪的害怕，总想马上回家看看，看看有多少年

过去了，看看家里人都还在不在……河边深深的草丛时刻提醒你‘这是外面’——外面多好啊，在外面吃一颗糖都会吃出比以前更甜的味道，剥下来的糖纸也会觉得分外的美丽——真的，以前从来没有注意过这些糖纸的，好像这会儿才能有格外的心情去发现设计这糖纸的人有着多么精致美好的想法。把这鲜艳的糖纸展开，抚得平平的，让它没有一个褶子，再把它和整个世界并排的放在一起，于是就会看到两个世界。”

在河边待久了，由害怕，到想回家，到外面的感觉，一层层地展现，很干练，很清楚，她主要写的是在空旷的河边的时候那种和在家里不一样的感觉，这种感觉就是她强调的“在外面”。但是，在外面究竟是什么感觉呢？这很难写。如果你说这感觉很特殊，那么，怎么个特殊法儿呢？如果你说无可言说，那么，是一种和没说一样的拙劣的表达。她非常聪明的避难就易，选择了糖纸来帮忙。这是最常见的也是最有效的一种方法，写此难，就换个熟悉的容易写的，来比附这个难的，或抽象的，往往会起到事半功倍的效果。

于是，她说：“外面多好啊，在外面吃一颗糖都会吃出比以前更甜的味道，剥下来的糖纸也会觉得分外的美丽。”其实，她是在说外面的味道和美丽，但如果仅仅说外面味道好，景色又美丽，是一般的语言，而有了糖纸的依附和比拟，一下子让这味道和美丽不一样，不仅具体，而且形象。

然后，她又接着运用这张糖纸，说设计这糖纸的人有着精致美好的想法，说把这鲜艳的糖纸展开，抚平，再把它和整个世界并排的放在一起，都是要继续她对河边在外面的这种美好感觉的进一步抒发，强调外面的精致美好，强调外面的和家里面的这两个决然不同的世界的对比。

看，一张小小的糖纸，就起到了这样大的作用。作者语言的表达，借助糖纸，糖纸就是载着她游荡的一只惬意的小船。

看她写河里的鱼："河水很浅，里面的鱼却很大，而且又大又贼的，在哗啦啦的激流中和石缝中，很伶俐的，游刃有余地蹿行，像个幽灵。你永远也不能像靠近一朵花那样靠近它，仔细地看它那因为浸在水中而清晰无比的眼睛。"

前一句，写鱼的伶俐，这样的句子，并不显得多么精彩，因为许多人都是这样来写鱼的伶俐的。但第二句写得非常精彩，她是不满足于前一句，而这里为我们形象地说明鱼到底是怎么样伶俐的，"你永远也不能像靠近一朵花那样靠近它"，那是因为花是站在那里不会动的，你可以随时随地地靠近它，触摸它。但鱼却不一样，鱼的伶俐便有了花的参照物的对比，而一下子显现出来了。这确实是一种聪明的写法，用的和上面糖纸的方法一样，还是借助他物，让笔灵动起来。

看她写百灵鸟和麻雀："百灵鸟则是一些精灵，它们总是没法飞得更高，就在水面上、草丛里上蹿下跃的，有时候会不小心一头撞在你身上，看清楚你后就跳远一点儿继续自己一个人玩。反正它就是不理你，也不躲开你。它像是对什么都惊奇不已，又像是对什么都不很惊奇。它们都有着修长俊俏的尾翼，这使它们和浑圆粗短的麻雀们骄傲地区分开了。另外它们

是踱着步走的，麻雀一跳一跳的走，它们飞的时候，总是一起一跃，在空中划出一道道弧线，蜻蜓点水一般优雅欢喜，麻雀们则是一大群‘呼啦啦’的，一下子就蹿得没影儿了。”

这一次，她把这两种鸟放在一起来写，为的让它们彼此作对比。抓住各自的特点彼此又有联系的事情作对比，是常见的一种方法。百灵鸟有了麻雀的衬托和对比，让百灵鸟和麻雀都生动起来。百灵鸟的修长俊俏，和麻雀的浑圆粗短，在形象上便勾勒出来了。百灵鸟踱步，麻雀的一跳一跳；百灵鸟飞时的优雅弧线，麻雀呼啦啦蹿个没影儿，把它们的神态和性情都简洁而动感十足地表达了出来。如果各自单写，很容易写成鸟的习性与外观的介绍，缺少了彼此映照的交融与生动。

再看她写河边的植物：“还有那么多的，各种各样的美丽植物，有许多都能开出令人惊异的小花。那些小花瓣独特形状和细致的纹案，只有小孩子们的心思才能想象得出来，只有它们的小手才画得出。花开成这样，一定有着它自己长时间的，并且经历相当曲折的美好想法吧？”

她写得真的是聪明，联想力和想象力都十分的轻盈。她说那些小花瓣的独特形状和纹案的细致，是“只有小孩子们的心思才能想象得出来，只有它们的小手才画得出”。她还是用了她最拿手的法子，这一次借用的是小孩子，用小孩子天使一般的心思和小手，才能想象出来，才能够画出来花这样的形状和纹案，这些小花该是多么的美丽啊。这还不算完，她接着写道：“花开成这样，一定有着它自己长时间的，并且经历相当曲折的美好想法吧？”虽是常见的拟人，却让人感到这描写是这样委婉有致，心思是这样绵软无尽。

她接着写花的香气，更是新颖别致：“更奇妙的是花还有香气，就算是没有香气的花，也会散发清郁的，深深浅浅的绿色气息：浅绿色的令人身心轻盈，深绿色的令人想要进入睡眠……哎，花为什么会有香气呢？花能散发香气，多么像一个人能够自信地说出爱情呢！”特别是最后一句：“花为什么会有香气呢？花能散发香气，多么像一个人能够自信地说出爱情呢！”在前面抒写了花的不同香气和气息之后，第一句问话“花为什么会有香气呢？”过渡衔接得是那样的水到渠成，天衣无缝，是万般的感慨，无尽的赞叹，难以诉说的羡慕，紧接着说出“花能散发香气，多么像一个人能够自信地说出爱情呢！”才会让人感到这句话的分量。我真的还没有见过用爱情来诉说花的香气的比喻，用花能散发香气，生发出人能够自信地说出爱情的联想。这样的语言，真的是非常新颖，让人神清气爽。

最后，看她写那些没有花开也没有名字的平凡的植物：“还有那些没什么花开的植物们，深藏自己美丽的名字，却以平凡的模样在大地上生长。其实，它们中的哪一株都是不平凡的。它们能向四周抽出枝条，我却不能；它们能结出种子，我却不能；它们的根深入大地，它们的叶子是绿色的，并且能生成各种无可挑剔的轮廓，它们不停地向上生长……所有这些我都不能……植物的自由让长着双腿的任何一人都自愧不如。”

在这里，她变换了方法，不再用她惯用的借用他物的比附，也不再动用任何的比喻、联想和夸张。这一次，她动用了自己，和这些植物做了对比；用了一串排比，强化了这种对比的力度，实际上是强化了自己对植物的感情。她把对大自然一腔由衷的爱，表达得淋漓尽致。正是这种彻骨而发自身心的爱，让她在河边仅仅是洗一次衣服的瞬间，化为了和大自然融为一体的永恒。

好的语言，就是能够这样表达自己发自深心的感情，描绘出心灵永恒的瞬间。

感情该怎样抒写

史铁生去世之后，重新读他的文字，特别是他的《我与地坛》，依然如初读时一样的新鲜，一样的感动。我想，对他最好的怀念，莫过于认真地读他的作品。

好的文字，从来都是能够保持长久不灭的感情和生命的温度的，其魅力便也在于此。这一次，再读史铁生作品的时候，我边读边在想，再没有一位作家赶得上他那样是在用感情、用心灵、用生命写作的了。那么，他是怎样来抒写他的最为真挚而深切的感情的呢？

在《我与地坛》的开篇，他先是这样写了一段地坛的景物："四百多年里，它一面剥蚀了古殿檐头浮夸的琉璃，淡褪了门壁上炫耀的朱红，坍圮了一段段高墙又散落了玉砌雕栏，祭坛四周的老柏树愈见苍幽，到处的野草荒藤也都茂盛得自在坦荡。"然后，他紧接着说："这时候想必是我该来了。"

我在想，先写地坛再写"我"，为什么不先写"我"再写地坛，不先写"我"十五年前第一次来到地坛，然后，再写眼

睛中地坛的景色。一般，我们容易这样按顺序来写。问题是，仅仅是顺序的颠倒吗？

我们可以做一个实验，将上述两段颠倒一下顺序，先写“这时候想必是我该来了”，然后写地坛的景色：古殿的琉璃，门壁的朱红，散落了玉砌雕栏，以及老柏树和到处的野草。试想一下，还会有原来的效果吗？

那么，原来是什么效果呢？一个瘫痪的人，按照史铁生自己的话说是“一个失魂落魄的人”，摇着轮椅来到这座荒芜的古园，其心境便可想而知。那么，前面在史铁生尚未出场的关于地坛的描写，便不仅仅是地坛景物的描写，琉璃的剥蚀，朱红的淡褪，高墙的坍圮，玉砌雕栏的散落，老柏树的苍幽，野草荒藤的到处蔓延……这样颓败的景物，便也是和他自己当时的心情、心境和感情互为镜像。而他并没有直接抒写自己当时这样的感情，但是，这样的感情，已经通过地坛中这一系列凋敝颓败的景象，昭示在我们的面前，并且感染了我们。

我们常说的以景抒情，在这里，做到了天衣无缝。如同京戏里人物出场前的密密的锣鼓之后一样，一句“这时候想必是我该来了”恰到好处地将景与情衔接在了一起，文字的效果，恰如定音鼓响彻在寂静的地坛古园里一样，将悠扬的回音荡漾在我们的心里。

母亲49岁的时候过早地离开了人世后，在《我与地坛》中，有这样两段描写。

一段是——

摇着轮椅在园中慢慢走，又是雾罩的清晨，又是骄阳高照的白昼，我只想着一件事：母亲已经不在了。在老柏树旁停下，在草地上在颓墙边停下，又是处处虫鸣的午后，又是鸟儿归巢的傍晚，我心里只默念着一句话：可是母亲已经不在了。把椅背放倒，躺下，似睡非睡挨到日没，坐起来，心神恍惚，呆呆地直坐到古祭坛上落满黑暗然后再渐渐浮起月光，心里才有点儿明白：母亲已经不能再来这园中找我了。

一段是——

有一年，十月的风又翻动起安详的落叶，我在园中读书，听见两个散步的老人说："没想到这园子有这么大。"我放下书，想，这么大一座园子，要在其中找到他的儿子，母亲走过了多少焦灼的路。多年来我头一次意识到，这园中不单是处处有过我的车辙，有过我车辙的地方也都有过母亲的脚印。

两段写的都是对母亲的感情。前一段，写对母亲的怀念；后一段，写对母亲的忏悔。

前一段，依然是以景抒情，不过，有了变化，是排比句式的景物中两次慨叹："母亲已经不在了。"第三次慨叹："母亲已经不能再来这园中找我了。"其实，还是那句"母亲

已经不在了”。意思是一样的，只不过，语气变化了，情感加重了，是一种更为无奈的喟然长叹。在这样的重复中，那些景物：老柏树、草地的颓墙、虫鸣的午后、鸟儿归巢的傍晚以及古祭坛上的黑暗与月光，才一一都有了意义，这意义便是使原本没有任何感情色彩的东西，具有浓重的感情色彩，附着上母亲的身影，也附着上儿子对母亲的思念之情。

后一段，则体现了史铁生心地的敏感，从两个散步的老人的一句简单而普通的话语里，想到了母亲，想到当年自己独自一人到园子里来，母亲不放心来寻找自己的情景，而由此引发出的感想：“多年来我头一次意识到，这园中不单是处处有过我的车辙，有过我车辙的地方也都有过母亲的脚印。”可以说，这不仅是感想，更是对不起母亲的一种由衷的感恩和悔恨之情。

以前，我们常说写作中需要联想，有些联想，需要我们的想象力，但有些联想，需要我们心地和情感的敏感，才有可能从别人平常的一句话中生发出属于自己的联想。这种敏感，其实是看我们的心里有没有早就设置好的一根琴弦，有的话，才有可能被一句话甚至是一阵微风吹过而弹响这根琴弦。因此，敏感的前提，是善感。也就是说，是海绵才有可能吸附水分，水泥板花岗岩，哪怕是再华丽的水磨石砖，也是无法吸附水分的，而只能让哪怕再晶莹剔透的水珠凭空流逝。

在《我与地坛》中，最后一段是关于生死的思考：“那时

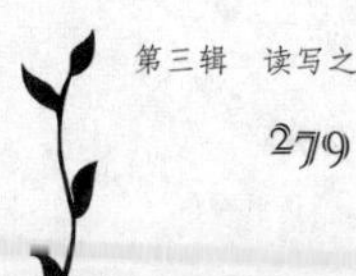

他便明白，每一步每一步，其实一步步都是走在回去的路上。当牵牛花初开的时节，葬礼的号角就已吹响。但是太阳，它每时每刻都是夕阳也都是旭日。当它熄灭着走下山去收尽苍凉残照之际，正是它在另一面燃烧着爬上山巅布散烈烈朝晖之时。那一天，我也将沉静地走下山去，扶着我的拐杖。有一天，在某处山洼里，势必会跑上一个欢蹦的孩子，抱着他的玩具。”

可以看出，史铁生这样关于生死的达观的思考，来源于他自身对生死的理解，这是他的心性使然。如何表达这样的思考和理解呢？他借助的是想象。特别是最后“有一天，在某处山洼里，势必会跑上一个欢蹦的孩子，抱着他的玩具”，显然，完全是他自己的想象，是他心目中幻想的一种情景。这不仅是传统宗教里的那种生死的轮回，更是生命的一种生生不息的力量。正是源于这种力量，史铁生才活得比我们更为达观而坚强，同时才将这样的思考和理解，通过这样一个抱着玩具的欢蹦的孩子的美好意象，传递给我们。我们会明白，这其实也是一种感情，支撑着史铁生也温暖着我们的一种感情。

关于对母亲的思念，在《我与地坛》中，史铁生引用了他自己的另一篇散文《合欢树》中动人的一段。那一段，也是写在地坛安静的树林里，“我闭上眼睛，想，上帝为什么早早地召母亲回去呢？很久很久，迷迷糊糊地，我听见了回答：‘她心里太苦了，上帝看她受不住了，就召她回去。’我似乎得到一点儿安慰，睁开眼睛，看见风正在树林里穿过。”

他把对母亲的思念与理解，写得多么的动人，又多么的有节制。这一段里，甚至没有一句关于思念呀或理解呀的话，那样的感情却在字里行间荡漾洋溢着。为什么能够做到这一点？又是怎样能够做到了这一点的呢？在我看来，关键在于最后那一句："我似乎得到一点儿安慰，睁开眼睛，看见风正在树林里穿过。"可以想象，假如没有了这样的一句，这一段还会有这样的感染力吗？

我们就会明白，这里的风，是对自己的安慰，其实更是对母亲的思念和理解。这里的风中，也有母亲永远消失不去的影子，有自己心情和感情的拂动。

擅用眼前景物来抒写自己和人物的心情，是史铁生常用的方法。在他的《记忆与印象》中的《一个人形空白》里，有这样一段——

我双腿瘫痪后悄悄地学写作，母亲知道了，跟我说：她年轻时的理想也是写作。这样说时，我见她脸上的笑……那样惭愧地张望四周，看窗上的夕阳，看院中的老海棠树。但老海棠树已经枯死，枝干上爬满豆蔓，开着单薄的豆花。

说起已经无法挽回的往事，母亲除惭愧之外更为复杂的感情，该如何来写？这恐怕是最难的了。在这里，史铁生却化难为易，去繁就简，将一言难尽的感情诉说，变为了眼前院子里的景色。于是，窗上的夕阳，枯死的老海棠树，老海棠树枝干上爬满的豆蔓，开着单薄的豆花，便一下子都成为母亲那一刻百感交集又无法诉说的心情与感情的对应物，将那种心情与感情映衬出来，好像它们就是为了衬托母亲的心情与感情故意立在院子里似的，好像史铁生随意地信手拈来，便立刻点石成金一样。

在《记忆与印象》中，还有一篇《二姥姥》。

这一篇写姥爷的一位姨太太受出身地主的姥爷的影响而悲惨一直到死的命运。但史铁生对这位二姥姥的故事所知不多，最深的印象不过是六岁之前，二姥姥对他的头的一次抚摸。于是，他便将二姥姥的命运全部浓缩在这样的一次抚摸中。

在具体写作的时候，他进一步浓缩，将这一次抚摸集中在一个更为细小的焦点上，那便是他感受到的，那一次抚摸中，二姥姥“纤细的手指在我的发间穿插，轻轻地颤抖”。于是，他紧紧地抓住了这一点，或者说，紧紧地抓住了“颤抖”这两个字——

这颤抖是一种诉说，如同一个寓言可以伸展进所有幽深的地方，出其不意地令人震撼。这颤抖是一种最为辽阔的声音，譬如夜的流动，毫不停歇。这颤抖，随时间之流拓开着一个孩子混沌的心灵，连接起别人的故事，缠绕进丰富的历史，漫漶成种种可能的命运。……未来，在很多令人颤抖的命运旁边，

她的影像总是出现，仿佛由众多无声的灵魂所凝聚，由所有被湮灭的心愿所举荐。于是那纤细的手指历经沧桑总是在我的发间穿插、颤动，问我这世间的故事都是什么，故事里面都有谁？

我们可以看出，这里所写的颤抖，既是具象的，也是抽象的，既是对二姥姥那一次抚摸中所呈现出的颤抖的具体描写，也是由此而引发为“很多令人颤抖的命运”。所以，在后面，他强调，二姥姥的影像已经由此及彼成为“由众多无声的灵魂所凝聚，由所有被湮灭的心愿所举荐”。进而，他由这一份颤抖而质疑：“这世间的故事都是什么，故事里面都有谁？”这样一来，本来简单而单薄的抚摸的颤抖，便由一个个体的命运进而扩展为历史和整个人间戏剧所演绎的命运了。而由童年时感受到的那次抚摸所引发的颤抖这单一的情感，便也漫漶成了更为多样而复杂的情感。在这样的情感的交织变化中，在这样从具象到抽象的交织变化中，留有很多的空白，让我们读者去用想象和思考填充。

无疑，这是另一种抒写感情的方法。

由生活具象而思考为带有哲理性的抽象，是史铁生愿意做的，也是史铁生作品的魅力。在《想念地坛》里，他想念地坛里的那些老柏树，他从它们“历无数春秋寒暑依旧镇定自若，不为流光掠影所迷”中，将其品质出人意料地抽象为“柔弱”。他进而说：“柔弱是爱者的独信。”“柔弱，是信者仰慕神恩的心情，静聆神命的姿态。”他说：“倘若那老柏树无风自摇岂不可怕？要是野草长得比树还高，八成是发生了核泄漏——听说切尔诺贝利附近有这现象。”

由老柏树的“柔弱”，他写到世风的喧嚣，他说：“唯柔弱是爱愿的识别，正如放弃是喧嚣的解剂。”之所以由“柔弱”写到“喧嚣”，还是要写地坛，因为地坛曾经可以是销蚀喧嚣回归宁静的一块宝地，“我说的是当年的地坛”。他特意补充道。

于是，他由“柔弱”到“喧嚣”，又回到“安静”。“回望地坛，回望它的安静。”而如今的“安静”只能回望了，正如地坛只可以想念一样了。因为如今的地坛也已经卷入喧嚣的漩涡。

可以看出，人生的悖论，世风的无奈，以柔弱对抗喧嚣，以想念回归安静，这是一种怎样的哲思！这是一种怎样的感情！在这篇文章最后，他写道：“靠想念去迈过它，只要一迈过它便有清纯之气扑面而来。我已不在地坛，地坛在我。”这两句话，特别是最后一句“我已不在地坛，地坛在我”，如一只沉稳的铁锚，将地坛如一艘古船一样牢牢地停泊在新时期文学的岸边，和不止一代读者的心里。